人性之鏡

動物倫理的歷史與哲學

錢永祥

真正的人性之善，只有在它的承受者毫無力量的情況下，才能盡其純粹、盡其自由地展現出來。人類的真正道德考驗，最根本的考驗（它深藏不露，我們察覺不到），就在你怎麼對待這些命運完全由人類來擺佈的生命：動物。在這方面，人類從根徹底失敗，其他的一切失敗，根源都在這個根子上的失敗。

——米蘭・昆德拉，《生命中不能承受之輕》

目次

前言

撰寫一本介紹／討論動物倫理的書，是我多年來的心願。至於這本書應該怎麼寫，開始的時候並沒有清晰的想法。我設定的讀者是一切關注動物議題的人，希望動物倫理學的問題意識和思考成果，可以幫助不同背景的讀者，在他們的個人生活以及公共環境裡，找到人類和動物的相處、共存之道。為了這個目的，寫一本入門用的導論書，整理、介紹當代動物倫理學各家的理論，似乎順理成章。但我很快發現，教科書式的導論不僅無趣，並且無法完整呈現動物倫理的歷史意義跟社會功能。

問題出在倫理學的先天成見：倫理學或者道德哲學，從來就是以「人」為主題的。道德所關注的是人；倫理學不言自明就必定是人的倫理學，前面「人的」兩個字其實是贅字。針對「人」的倫理，深刻、精采的思考和討論已經進行了幾千年，大家並不陌生，也不會懷疑它的存在有理由、有必要，同時有其價值。但是幾千年來，動物卻始終被排除在道德領域之外，人們並不認為動物可以構成倫理思辨的對象。這時候，要談動物倫理，就需要先看看人類究竟對動物持有什麼偏見，需要了解人類的道德觀為什麼容不下動物，以及在這樣的情況之下，歷史潮流又是如何突破了倫理學的偏狹視野，為動物開闢了一塊容身之地。換言之，在進入動物倫理的理論之前，需要先做一些歷史的回顧。先設法勾勒動物在人類道德意識中浮現的歷史經過，動物倫理學的革命意義才能明朗。本書的副標題為「動物倫理的歷史與哲學」，表達了這個歷史跟倫理的雙重焦點。

不過動物倫理的歷史背景，超出了一般倫理學導論書常見的格局。何況要在歷史敘事跟倫理學的哲學理論之間建立有機的連結，還需要經營一套完整的問題意識，能夠貫通歷史與哲學，這並不是求精求簡的入門書所能做到的。就動物問題來說，「人類中心主義」提供了最核心而又尖銳的問題意識。我的動物倫理，就是圍繞著這個問題而展開的，從歷史上人類中心主義的產生跟影響，到道德思考如何設法克服人類中心主義，建立人類跟動物的倫理關係，這整個論述，決定了這本書的結構。我力求寫得簡明清晰，維持應該具備的導論功能，但是我也設法讓這個導論，以夠寬闊的幅度呈現動物倫理的發展歷程和內部活潑的動態。

關於本書的內容，有幾個明顯的缺位，需要略做說明。

首先，書中所涉及的動物倫理的歷史與哲學，幾乎都是在談西方的情況。這當然不是說西方以外或者華人世界沒有動物的問題，或者我對中國的動物問題不感興趣，而只是因為動物在中國歷史上是什麼情形，中國人跟動物又是什麼樣的關係，歷史學者還沒有做出完整的研究。而中國歷代的思想家怎麼看動物的道德地位，我也找不到系統的參考材料。到了當代，幾乎所有的動物倫理著作，都是西方學者撰寫的，因此我們的討論也只好偏重西方特別是英語世界。目前，用中文研究、寫作的歷史學家、哲學家，以及社會科學、動物科學等領域的學者，從事動物議題研究的人已經在增加。相信不久的將來，我們可以針對中國文化圈的動物議題，進行哲學和歷史的論辯。

其次，宗教一向是倫理思考的重要源頭，對人們看動物的方式也有決定性的影響。但是本書除了對基督教的動物觀點有所檢討之外，完全沒有談到宗教——特別是東方宗教——的動物倫理。這當然是一個缺失。佛教在中文世界尤其重要。台灣民間一部分人對動物持有比較友善的態度，往往來自佛教的感化。近年來，在動保運動裡，佛教人士也有傑出的貢獻。不過我不懂佛學，沒有能力在佛教的動物倫理上置喙。好在台灣的釋昭慧法師已有多本著作，對佛教的生命倫理多所闡發，有興趣的讀者可以參考。

第三，本書的主軸雖然是了解和檢討人類中心主義，不過在書中我對當代西方新興的「後人類主義」，卻未置一詞。後人類主義這股思潮，正是企圖顛覆、打破整個「人類中心」的形上學傳統，也就是西方主流的思考傳統。本書要檢討人類中心主義，為什麼不引入後人類主義這種最激進、徹底的觀點呢？我有兩方面的考慮。一方面，我當然承認人類具有自然性、動物性，乃至於其他異質成分的合成性；人類鑲嵌在萬物互動的生活世界中，並不是孑然獨立的自足個體；我也不會用理性、語言或者其他人類獨特的能力，界定一種本質性的、純粹人性的「人」。但是從形而上的角度去建構或者解構「人」，兩者都不是我在本書裡的主要關懷所在。我關切的是人類想像動物的方式，如何影響了人類跟動物的關係。我認為即使在人本主義意義之下的人類，也已經擁有足夠的道德能力跟道德情感，可以改用更為人道的方式對待動物，減輕對動物的殘暴統治。人類中心主義的錯誤，是對這些道德能力與道德情感設下了狹隘的適用範圍，結果構成了物種歧視。我對人類中心主義的批判，目的是要突破這些限制，從而挑戰物種歧視。換言之，我並不需要特地發展或者設定某種「後人本主義」的「後人類」，去替換掉人類的道德能力和道德情感，才能批判物種歧視，做到我的動物倫理學工作。

另一方面，我反而擔心，所謂的後人類，在擺脫人類中心主義的同時，會不會也逃脫了人類對動物必須承擔的責任？在書裡第三講，我談到人類中心主義其實是不可避免的，因為我們只能透過人類的視角去看世界；其實，這個認識論意義上的人類中心主義，對人類的道德概念也完全適用。我們的道德觀念、道德詞彙、道德價值，都是圍繞著人類而演化積累出來的。如果用身分不定的「後人類」來替代人類，這些既有的道德工具和道德理想，不需要重新翻修嗎？後人類主義的道德觀會是什麼面貌，其實並不清楚。我也無法設想賽勃格（Cyborg，用科技修補、強化過的人）、AI，或者某種新品種的人類／動物主體，會持有什麼樣的道德觀。換言之，我的疑慮是：後人本主義能不能發展出比較完整的動物倫理，對現行的殘暴使用動物的體制提出批判，甚至於為動物立法和涉及動物的公共政策，提供理論的基礎和實踐的指引？這一點，我是有些懷疑的。

或許是因為我對人類中心主義的批判不夠激進、徹底，保留了基本的人類道德架構，所以本書從書名到結論都回到了人類。「人性之鏡」所映照的，當然是人類的群像。而我在結論也寫道：「動物倫理不僅希望減少動物的苦難，也著眼於改善人性的道德品質，進而推動社會的道德進步。」這麼說，難道動物倫理仍然是一種教化人類的倫理？確實如此。其實每一種動物倫理，每一本動物倫理的書，說話的對象都是人類。畢竟，動物的問題出在人類身上，所以正本清源也只能回到人類。動物倫理學的各家理論，都在設法提供善待動物的理由跟行動原則。但是人類有沒有足夠的動機、能力，以及情感，去把這些原則付諸行動，就要看人類本身的性格、心態了。所以我認為動物倫理學的範圍必須包括人類自身在內。動物倫理，必定是「人類與動物的倫理」。在這一點上，我身為人類的一員，是不會推卸責任的。我寫作這本書，正是一種對自己的認識和反省。

這本書稿，原先是以講稿的形式寫成，在北京的「看理想」平台以音頻節目的方式錄音播出。將講稿改成書稿的時候，我盡量保留住講稿的口語化，也維持講稿少用英文、不加註解、不引用他人著作的體例，藉此方便讀者的閱讀。當初講稿分為十四講，限於每講需要在二十多分鐘之內結束，所以都相當簡短。正好我偏愛簡短，認為簡短是一種知性的美德，所以書稿雖經修訂增補，但是仍設法保持簡短的特色。因襲舊制，書稿裡我維持了「講」這個單位，沒有改稱「章」。此外，由於各講播出的時間會有幾天的間隔，並且聽者通常也不會連續收聽，所以每講開始的時候，需要回顧前一講的主要內容。我猜想，這種重複，對紙本書的讀者也會有些幫助，所以一律保留下來，希望讀者不會覺得煩冗。

簡短並不意味著簡化。雖然從一開始，我就不希望這本書變成一本學院著作，被學院的繁文縟節和各種裝飾損傷了可讀性，不過我尊重學術，要求書裡的論證和辯難，要有堅實的學術基礎以及經得起推敲、詰疑的邏輯推理。本書盡量不去直接引用他人的著作，但是在漫長的準備和寫作過程中，我當然參考過相當大量的書籍和文章。我認為，在這樣一本求其簡短易讀的導論書裡，沒有必要詳細列出這些參考資料。不過如果讀者有興趣知道我的主要依據，或是有意自己去進行進一步的閱讀，在全書結尾處，我列出了最重要的一些書和文章，讀者可以參考。

最後一句多餘的話：一如任何一本倫理學的著作，本書無意也無力提供你如何行動、如何生活的準則或者公式。我希望書裡提出的各種歷史經驗、道德觀點、動物倫理的理論，以及我個人的隨筆感想，能夠豐富你的思考和情感資源，讓你在面對動物情境的時候，做出比較妥當的判斷與決定。但是當然，我的種種說法是不是成立，是不是有說服力，以及你在現實生活中將如何對待動物，都是要由你自己來判斷和抉擇的。

致謝

我想寫一本動物倫理的書雖然已經很久，也積下了一些殘稿，但積極地著手寫作，是在二〇一九年初。當時梁文道先生來台北，希望我為他所主持的「看理想」平台做一檔有關動物倫理學的節目。文道兄的邀約，給我提供了著手寫作的動力。

不過我寫東西通常難有腹稿，只有在動筆的過程中才能慢慢找到自己的想法。這本書的寫作在摸索中前行，過程十分周折，經常碰壁，必須另覓蹊徑，找尋出路，所以用了很長的時間，在三年多之後才算成形，期間文道兄已經離開「看理想」了。不過我仍要感謝他當初的邀約，以及之後直到今天的耐心和信心。「看理想」的工作同仁申宇和殷吉不時來信敦促。在製作音頻的錄音過程中，她們不斷給我技術指導以及鼓勵。到了播出之前，編輯劉瀟夏接手，讓節目順利播出。對她們幾位，我非常感激。之後北京「理想國」以及台北聯經出版公司的同仁們，承擔紙本書的編輯和出版工作，我受惠良多，也要致上謝意。

台灣動物社會研究會的朱增宏、陳玉敏是我在動保圈敬佩的行動者。他們幾十年來投入動物保護，從流浪動物到經濟動物，台灣社會上的各種動物議題經常是由他們率先提出來，之後無役不與，推動改革。這次我請他們讀過本書全稿，糾正了一些錯誤。北京的莽萍和梁治平，熟悉大陸上的各項動物議題，對動物倫理的理論以及中國的動保法律也涉獵極深。我請他們從大陸讀者的角度，閱讀本書初稿。他們提出了相當多的修改意見，我獲益匪淺。對這些同道的朋友，我衷心感激。

在寫作本書的最後階段，家母高齡去世。她生我養我，帶我逃離戰火，撫育我成人，我要在此記下對她的感激和追念。

最後，我要感謝家人、家貓，以及兩岸四地的許多朋友。多年來，大家支持我從事動物倫理的研究，一路給我很大的鼓勵。當然也有朋友認為這個主題的學術和實踐意義有限，無助於我們時代的各種大小燃眉之急。他們的質疑，正好提醒了我，不能把動物議題從人性和社會的脈絡裡孤立出來，而是要把動物倫理當作人類倫理生活的一個環節。我希望本書回應了他們的挑戰。

錢永祥

二〇二二年十一月三十日在南港／汐止

第一講

動物為什麼是道德問題？

看到這本小書，很多人會感到詫異，動物有那麼重要嗎？跟「道德」或者「倫理」這類唯有人類才能知、能行的文明表現會有關係嗎？真的有必要把動物當成道德的問題來認真探討嗎？在進入正文之前，我想先從很實際的角度說明一下，動物為什麼構成了一個道德問題。

一、一個「素人」的思考

其實，各位會願意來讀這本關於動物倫理的小書，表示你對動物已經有了一定程度的關注了。就事論事，我們多數人都不是動物學者，不是動物醫師，我們所從事的職業，或者在日常的生活裡，也未必跟動物發生直接、深入的關係，更不要說專業性質的研究。我自己長年閱讀動物倫理，也參加了一些動物保護團體的活動，但是我必須承認自己是個「素人」，關心動物好像只是一件「業餘」的工作。我猜想，各位之中絕大多數人的情況，都跟我類似。

當然，這並不代表我們的關心不夠真誠、認真。事實上，大家會開始關心動物的議題，思考自己跟動物的關係，原因雖然因人而異，但是仍然有一個共同的核心：那就是動物直接挑戰我們的道德意識，提出了一些跟道德有關的問題。我們會問自己，把貓狗關在家裡當作寵物，有沒有違背了他們的天性？屠宰動物吃肉，是不是殘忍又放縱口腹之慾的行為？動物園不就是展覽囚犯的動物監獄嗎？而把病毒注入活生生的動物身體做醫學實驗，觀察他們罹患各種疾病的過程直到死亡，難道沒有違反人性、人道嗎？類似的疑問不勝枚舉。話說回來，道德就是在追問每個人的言行跟價值觀是不是「對」的、是不是「善良」的，終極追問自己活在世上究竟想要成為一個什麼樣的人。這些問題，你跟我都不可能逃避的。所以在動物的問題上，你我雖然都是素人，都是業餘，也無法不去面對動物對我們提出的道德問題，用動物作為鏡子照照自己，看看自己是一個什麼樣的人。

有人會質疑，日常生活裡頭，需要煩惱的事情已經夠多了。你可以關心人間的各種道德問題，從戰爭到饑荒，到暴力、貧富差距，到各種壓迫與剝削，簡直罄竹難書，動物有資格排上我們的道德日程表嗎？也常有人說，人的問題都管不完了，還能管到動物？這些說法當然有點無聊。試問：你能在眾多道德問題之間排出輕重先後的次序嗎？即使排得出來，難道大家都只能關注那個所謂的唯一重要、優先的問題，忽略其他嗎？如果要管完人的問題才能管到動物，那麼照這個邏輯，你自己的問題管得完嗎？既然你自己的問題都管不完了，又哪能管到人的問題呢？

不過確實，在人類的世界裡，動物的存在通常不會受到重視的。拿我自己來說，我的學術專業偏向政治哲學跟道德哲學，可以完全不要理會動物。不過我喜歡動物，生活中有幾隻小貓作伴，藉著這個機緣，我開始思考自己跟動物的關係。我猜想，這種屬於個人情感的出發點，也是你們很多人的經驗。各位開始注意動物，很可能也是被身邊的貓貓狗狗所觸發的。「愛動物」的人，特別是愛自己身邊的貓狗小動物，通常會對動物議題多一份關心。這是很自然的事。

二、什麼叫「愛」動物？

但是「愛動物」是什麼意思？這個問題乍看之下挺單純的，細想卻很複雜，我們正可以從這裡開始，探索愛動物會引發什麼道德性質的問題。

一般認為，愛動物只是個人的情感小事，反映著你的感情偏好；刻薄一點的人會說你是人際關係失敗，心裡空虛，才想找個小貓小狗作為寄託。其實人類需要情感的寄託，本來是很正常的事，為什麼引起嘲諷？當然是因為你找的對象是動物。這背後的假定是：寄情於特定的人類是正常的，寄情於動物則屬於反常。那麼有人寄情於花草，寄情於山水大地，寄情於琴棋書畫，甚至於寄情於宗教信仰，那又是正常還是反常？其實人皆有情，情感一定有對象，以動物作為情感的對象，所需要的移情想像能力相當高，所要求的個人道德品質也更為豐富、嚴格，在後面我們會有一講詳細討論情感的道德內容。無論如何，跟一般的成見相反，情感本來就包含著道德的成分，對動物付出情感，當然是有它的道德的意涵的。

讓我們先想想看什麼叫做「愛」。我們都知道，愛一個人，除了把情感投注在他身上，需要他，想念他，你還得把他當成一個獨立的生命看；你必須尊重他的人生，尊重他的個性、需求以及願望，不能去剝奪、壓制他的願望，或者對他的生活方式橫加干涉；做不到這一點，你只能說是占有他、支配他，利用他，把他當成一個隨你的意志去操縱、揉捏的對象，卻不能說「愛」他。為什麼呢？當然是因為所謂愛一個人，關鍵是愛他本人，愛他作為自己；你得從他的角度，去認識和關心他的利益和幸福何在，不能只想著你自己的願望或者利益。不錯，由於他對你具有特殊的意義，在你的生命裡面占有很重的分量，因此你會特別在乎他過得好還是不好，他過得好壞，會影響到你自己過得好壞。但是過得好不好，需要從他的角度去認定，而不是由你來替他決定；也就是先得承認他是一個獨立的生命，不能只想他是不是實現了你投注在他身上的願望。這個道理，我們都明白。

那麼動物呢？養過小動物的人都知道，這個道理對動物也是完全適用的。跟小動物一起生活，跟他在各方面的互動，點點滴滴都會提醒我們，對方是一個獨立、完整的生命，有他的各種需求，各種生理機能和活動，有他敏感的情緒，身上更有容易受到傷害、驚嚇的各種脆弱之處。動物生命的種種細節，跟人類的生命一樣複雜，一樣有血有肉、有快樂有痛苦。意識到了動物的這些特色，才是「愛動物」的出發點。從這裡開始，你才能去思考如何照顧他，如何給他提供合適的關懷跟尊重。因此，疼愛身邊的動物同伴，正可以讓我們開始認識、思考動物帶來的道德問題。

可是，並不是所有養動物的人都有這種反思的興趣以及能力；很多人把寵物看成玩具，看成解悶或者炫耀的工具。這不足為奇。就像我們也經常會見到，父母、夫妻、情人表面上宣稱「愛」，其實是在占有、支配、利用他所愛的對方，甚至於演變成病態的關係。坦白說，我們往往曲解、誤解了「喜歡」或者「愛」是什麼意思，對人類如此，對動物更是如此。因此，喜歡動物正好是一個起點，讓我們思考有關動物的各種道德問題。

三、不能說的真相，缺了一塊的道德地圖

然而話說回來，有福氣、有能力去喜愛動物的人畢竟是少數。在今天的社會中，多數人跟動物是隔絕的，還有很多人根本接觸不到動物。那麼這些人就沒有必要、沒有理由去思考動物了嗎？不要忘記，即使你並不喜歡動物，沒有機會接觸動物，你的生活裡也早已經處處都是動物的碎片和遺跡：你每天吃的雞蛋、牛奶，還有肉類都是來自動物。事實是我們每個人都在吃動物，其規模之大，手段之殘酷，對動物造成的苦難和死亡之嚴重，不容你我假裝自己跟動物沒有關係。當然，你可以找各種理由為「吃動物」這件事辯解，但是即使是辯解，你也需要先進入動物議題。

讓我舉幾個數字，顯示一下這個議題多麼嚴肅。根據中國農業農村部的網上數據，在二〇一六年，中國大陸宰殺了六億八千萬隻豬，五千一百萬頭牛，三億隻羊，以及將近一百二十四億隻的家禽。根據美國農業部的統計，美國在二〇一八年宰殺了三千二百萬頭牛，一億二千萬隻豬，還有高達九十億隻的雞。這些數字，還不包括上億上兆的魚類以及水生動物。即使是人口規模小很多的台灣，在二〇一七年也宰殺了近

八百萬頭豬，三萬五千頭牛，三億三千萬隻雞。

這些天文數字是什麼意思，超過了一般人的想像能力，但是如果想到這些天文數字，是一隻一隻喉嚨噴血的生命變成屍體所堆積而成的，我們又會怎麼反應呢？我相信多數人根本無從反應。多數人吃肉，但是從來沒有想到過，吃肉這件事所牽涉到的殘酷、殺戮、死亡等等真相。事實上，吃肉是一套體制，包括了育種、繁殖、飼養、運送、屠宰、包裝、分銷、烹飪等多個環節，其共同特色就是「隱藏」，特意不讓消費者看到肉品的生產過程。結果我們雖然吃肉，卻完全忘記了肉品背後被殺害的動物生命。

其實不談吃肉，即使是雞蛋跟牛奶，背後也有令人髮指的故事。超市裡面貨架上整排的雞蛋哪來的？是蛋雞生的。蛋雞哪來的？是上一批雞蛋孵出來的。但是蛋雞都是母雞，那麼雞蛋孵出來的小公雞哪兒去了？多數消費者不會想到，剛孵出來的毛茸茸的小雞，經檢查是雄性的，現場即刻悶死或者絞碎，用作飼料或者肥料，因為不值得在他們身上浪費飼養的成本。根據一項報導，這個業界「不能說的祕密」，每年在全世界殺死大約四十億到六十億隻剛孵化出來的小公雞。一線希望是，二〇一八年已經有德國公司在研發新技術，針對雞蛋檢驗胚胎是否為雌性，然後直接淘汰雄性胚胎的蛋。此外，目前德國、法國以及瑞士也已經禁止用以前的方法淘汰小公雞。

再看牛奶，牛奶潔白香醇，大家都喜歡喝，但是牛奶怎麼來的？請先忘掉廣告上悠閒徜徉在碧綠草原上的乳牛。想想看，乳牛得靠人工強迫懷孕，生下小牛，才會分泌乳汁，但是既然乳汁要供應人類，小牛怎麼辦？事實是小牛生下來之後，只有在第一天能喝到母牛媽媽的奶，之後即刻強迫跟母牛分開。接下來的日子，他們都只能喝由奶粉沖泡的「代奶」，母牛的奶全部都得供給人類飲用。小母牛會被留下來作為未來的乳牛，小公牛則會很快被送去肉牛養殖場飼養。其中有一部分運送到專門的小肉牛飼養場，關進僅能容身的木頭柵欄裡不准他行動，以免肉質變粗，同時只給他吃不含鐵質的專門飼料，故意讓小牛貧血（這是為什麼不能用鐵質柵欄，甚至於不能用鐵釘，以免缺鐵的小牛去舔食鐵質），十二到十六週之後屠宰，才能生產出特別柔嫩的粉紅色「小牛肉」。這種刻意傷害動物健康的小牛肉生產方式，直到二〇〇七年以後，才在英國以及歐盟國家（2015）被立法禁止，在美國也開始逐漸淘汰之中。

這些「故事」，只是整個動物產業的冰山一角，一般消費者是很難知道的。上面說過，今天動物的養殖、屠宰產業，必須把處理動物的過程隱藏在高牆後面，以免影響消費者的胃口，害得美食作家和饕客們尷尬。但是真相不會消失，消費者也不能否認自己捲入了這個血腥的產業鍊。相反，之所以需要刻意隱藏，正好說明了大家其實心知肚明，高牆後面在進行的事情是不堪入目的。孟子說「君子遠庖廚」，因為「見其生，不忍見其死；聞其聲，不忍食其肉」。但是不能讓君子看到、聽到的事情，難道是在道德上可以寬容，甚至於享用的嗎？隱藏，不是正好證明了那裡有見不得人的醜惡跟殘酷嗎？

所以，單在飲食方面，我們也不能不思考應該怎麼看動物？我們分明知道動物是活生生的生命，每一隻動物都對環境有所感知，都想躲開痛苦和驚嚇，追求本能的滿足跟身體的舒適。可是人類卻為了滿足自己的需求，給動物製造各種痛苦、恐懼、焦慮，用暴力把他們制服、屠宰，說到最後，動物難道不是人類良心上最不安、也最虛偽的一塊嗎？

其實在人類的演化歷史上，動物一直存在，也一直扮演著重要的角色。動物除了是蛋白質食物的重要來源，還提供了皮革、羊毛、羽絨，讓人類穿著；提供了勞動力，供人類騎乘、拉車、負重、耕田、作戰；動物一向是重要的藥品來源，到了現代，更成為科學實驗的工具，人類的醫療知識、各種藥物、化妝品、疫苗，都要使用非常大量的動物，進行殘酷、痛苦的實驗，才敢用到人類的身上。動物可以說是人類文明生活的必要條件，是其關鍵的構成部分。問題在於，人類使用動物的歷史如此漫長，使用的程度如此廣泛，使用的方式如此殘酷，但是在人類的道德意識中，動物卻一直沒有位置。在人類的道德地圖上，看不見動物的蹤影。這不是一件很奇怪的事情嗎？

四、如何思考動物？

總而言之，無論我們是愛動物、使用動物、殺動物、吃動物，還是虐待動物，好像都有必要思考一下，人類究竟應該如何對待動物？但是要從哪裡開始思考呢？

這個問題，可以從兩個方面來回答。我的一個基本的想法是，人類的道德意識、道德感性並不是天生如此，從不變化的，而是逐漸演變而積累形成的，是有其歷史的。因此，在第一個方面，我們需要先追溯一下，人類對動物的看法，是如何在歷史上逐漸形成的。在西方，一種可以稱為「人類中心主義」的意識形態，支配了人們對動物的基本態度，至少已經兩千多年。在人類中心主義看來，由於人類具有理性，或者由於神的特別眷顧，在宇宙之中居於核心的位置。世界圍繞著人類運轉，萬物為了人類而存在；人類身為萬物之靈，價值跟地位要高於自然界的眾生，當然可以支配、使用動物。

由於人類中心主義的作祟，幾千年來人類任性地使用動物，虐待動物，把動物打入人間的地獄，並不覺得這中間有什麼不對。這個結果，對於人類其實並不好。人類中心主義表面上抬高了人的地位，實際上鼓勵了人性之中的傲慢、殘暴、麻木、自私的成分，其實腐蝕了人性。在道德哲學的領域，由於人類中心主義在人類跟動物之間劃分地位的高低，製造了不可跨越的鴻溝，各種崇高的道德價值、道德原則都只對人類適用，完全不能用到動物身上。結果動物被逐出了道德的領域，無法獲得道德的保護。在這種成見之下，我們關於動物的思考注定扭曲變態，所謂的動物倫理，當然也無法存在。

因此，回顧人類中心主義的來源，清理它的錯誤，是在今天思考動物問題時的一件必要的工作。

在第二個方面，既然人類中心主義把動物驅逐到道德的荒原上，否認動物擁有道德地位，我們關於動物的思考，就需要先重建動物的道德地位，證明道德沒有理由不把動物納入道德考量的範圍。這件工作，正是動物倫理學在一九七〇年代的西方學術界出現以來，許多哲學家致力的方向，並且已經獲得了可觀的成果。怎麼證明動物擁有道德地位呢？其實從來沒有人懷疑過人類擁有道德地位，那麼只要指出人類身上那些具有道德意義的特色，在動物的身上也存在，就足以顯示動物跟人類一樣，也具有完整的道德意義。這方面的思辨與論證，構成了當代動物倫理學的核心內容，我們會介紹幾家西方世界比較有影響力的理論，作為我們自己思考動物問題的資源。

話說回來，我並不認為動物倫理學只是理論的建構。多數人關心動物在人類手上所受到的傷害，為之不安、難過，甚至於焦慮、憤怒，並不需要在理論上先證明動物具有可以跟人類相提並論的道德地位。很多人投身於動物保護，與其說是被道德理論所說服，不如說是發自內在的同情、憐憫之心，看到了動物的苦難於心不忍，對那些殘暴血腥的行為義憤填膺。這種道德感受發自內心，適用的對象反而不會受到局限，可以是人，遠方跟自己並沒有關係的異邦異種的陌生人，可以是花草樹木、生態環境，也可以是各種小動物大動物。今天大家在這裡共同關注動物的議題，思考動物引發的倫理困擾，適足以顯示，道德情感才是原始的驅動力量。我們的動物倫理學，不會也不能忽視這種內心的情感動力。

現在，讓我們一起開始思考動物。在下一講，我想借用當前心理學的一些研究成果，說明人類是怎麼看動物的。

第二講

人類怎麼看動物

心理學的線索

在上一講我們提到，很多人對動物是有感覺的，並且通常是一種友善的正面情感。但是還有更多的人並不喜歡動物，通常會跟動物保持距離，包括身體的距離、心理的距離、社會的距離，甚至於不能容忍動物出現在人類的生活圈裡，總要設法將這些流浪動物、野生動物，以及害蟲鼠輩驅離、捕殺、消滅。很多人害怕動物，很多人討厭動物。更多的人只把動物看成工具或者資源，認為他們生來就是要為人類所使用的，使用的時候也許不應該採取過分殘暴的手段，不過這並不代表動物具有任何地位，更不會認為人類需要從道德的角度去對待動物。當然，還有許多許多人，生活中根本接觸不到活生生的動物，動物從來就沒有進入他們的腦海。

因此，在探討人類跟動物有什麼道德的關係之前，需要先了解一下，人類究竟是透過什麼樣的心理機制去看動物的。畢竟，了解了人類看動物時的心理機制，才能知道動物倫理需要處理的人類態度是怎麼產生的。在這方面，近年來興起的道德心理學，正開始積累一些研究的發現，多少提供了一些有趣的線索。不過需要說明，到目前為止，這個領域還剛開闢，經過實驗在一些現象之間發現的關聯，還是相當零散的，作為線索可以，但還不足以全面掌握人類面對動物時的心理機制。

一、幾種看動物的心理機制

人類在漫長的演化歷程中，在求生存以及適應環境的壓力之下，形成幾種跟動物的關係，影響到了人類透過什麼心理機制看動物，甚至於遺傳到了今天的人類。這種機制可以分成兩類：一方面的警戒跟敵意，以及另一方面的接納甚至於友善。

（1）對抗與警戒

先談警戒跟敵意。從遠古的猿人階段開始，人類跟其他動物包括其他的猿人，就處在一種獵食跟被獵食的關係之中。人類需要獵殺動物作為食物，但也必須保命，避免自己被更凶猛的動物獵殺吃掉。心理學家認為，這種關係鐫刻在人類的知覺官能上，直到今天，即使是初生幾天的嬰兒，對於動物的形狀與動作，也要比對於植物、對於其他物體更為敏感。這很顯然是演化過程中出於適應的必要而產生的結果。在獵食的需求與被獵食的威脅之下，人類必須盡早發現周遭的動物，以便採取必要的接近或是躲避的策略。獵食與被獵食，決定了人類跟動物處在一種對抗的關係之中。

動物對人類還有另一方面的威脅，那就是傳染疾病。對人類有害的病原體之中，屬於人類跟動物共生的占了六十%。而人類會吃動物，包括動物的屍體殘骸，也增加了感染疾病的機會。早期的人類當然並不了解動物是透過什麼機制傳染疾病的，不過與動物保持距離，不要太親近，顯然有利於人類的生存。在此之外，對於屍體、排泄物等傳染媒介保持警戒，促使人類發展出了「噁心」這種情緒和生理的雙重反應，顯然也有其演化上的功能。

簡單說，對抗以及警戒、提防這種種敵視的態度，構成了人類看動物的一個基本角度。

（2）馴化與親密

但是人類除了需要提防動物，把動物視為威脅之外，卻又不能離開動物，必須跟動物形成比較正面的關係。人類進入農耕階段之後，開始飼養家畜，作為穩定的食物與勞動力的來源。貓、狗也進入人類社群，成為同伴動物。無論是家畜還是同伴動物，都需要照料，甚至於跟人類產生情感上的互動，這代表人類跟動物的關係變得更為複雜，看動物的方式，也勢必包含著友善的一面。

人類開始飼養同伴動物，很可能是出於現實的需要，但根據研究，把某些動物當成寵物，也就是在功能性之外尚有情感的一面，跟演化過程中所謂的「幼態延續」（neotency）現象很有關係。這個詞本來的意思是說，動物如果維持幼兒時期的某些特徵，會獲得比較多的照顧，對他的生存有利，所以有其演化上的意義。特就人類跟寵物的關係來說，貓狗等動物的臉部往往呈現嬰兒的特色，例如眼睛大而圓，耳朵、鼻子、嘴巴分明，嘴角上揚像是在微笑，表情跟頭部的姿勢像是在回應人類，身形、動作也符合人類的「可愛」標準，特別容易激發人類對他們保護、照料的欲望。這種關聯，在人類對動物的正面看法上發揮了一些作用。

除此之外，人類「擬人化」的思考習慣，在塑造人類對動物的正面看法時發揮了非常重要的功能。擬人化是人類的一種必要的本能，就是必須把人類的生命模式投射到外在的對象，通過自己熟悉的角度，才能了解各種事物以及現象。巫術以及各種宗教，想要理解跟影響自然界的現象時，通常會對自然界的物體以及力量加以擬人化。古希臘羅馬神話裡的天神，都具備著人類的完整形象跟性格；民間信仰裡的雷公、電母，山神、樹神、河神、一直到瘟神，也都是擬人化的產物。就動物而言，人類為了狩獵的需要，會設想動物跟人類一樣思考跟行動，這樣子人類便可以預測動物的移動路線以及行為，有利於捕獲獵物。但擬人化也投射了一些人類的特質到動物身上，從而拉近了人類與動物的距離，讓人類跟動物生活在同一個意義空間之中，甚至於可以產生情感的互動，讓某些動物成為家族的親密成員。

人類雖然逐漸跟動物發展出密切的共存關係，不把動物完全當成具體的威脅，甚至於承認動物擁有一些優點和長處，值得利用，但是人類仍然需要強調動物的地位低於人類。事實上，人類一方面要將動物擬人化，但另一方面又必須拿動物當作負面的對照組，來跟自己對比，才能想像和界定什麼是「人」；結果，通常所謂人類的特質，正是那些人類所獨有而動物缺乏的特色。在這個意義上，只有動物能成為人類的鏡子，讓人類看到自己；人類絕對不需要借用植物來界定自己。所以人類一向認為，理性、語言能力、自我意識等等人類獨有的特色構成了人類的本質所在，人性所在。相對之下，動物由於缺乏這些能力，就被看成低於人類。這個觀點主導了西方兩千多年來的思想發展，構成了「人類中心主義」。這種抬高人類、貶低動物的態度，在哲學以及倫理上的影響既深又遠，結果之一就是人類的道德觀念一直拒絕把動物納入考量。這個問題，在後面會再細談。在這裡，我們簡單看一下心理學怎麼解釋這種態度的來由。

二、為什麼要貶低動物？

人類為什麼要貶低動物呢？最簡單、最直接的答案就是：因為人類懼怕死亡。

（1）管控死亡的陰影：人是萬物之靈

演化心理學裡面有一種「恐怖管控理論」（TMT）。這種理論認為，由於人類知道自己必然死亡，對死亡的恐懼於是造成了強烈的困擾。為了對抗這種恐懼，人類會嚮往「不朽」，無論是宗教信仰、文化的理想、民族的認同，或者其他的偉大事物、崇高價值，只要能夠超越個人的有限生命，提供某一種「不朽」的象徵或者想像，都可以給人類提供心理上的屏障，有助於減輕死亡造成的恐懼。在這方面，某種人本主義，也就是認為人類在萬物之間居於獨一的、崇高的地位的想法，也特別有這種效果。所謂人為萬物之靈，強調人類的獨特與偉大，正好可以降低死亡意識所帶來的心理威脅。從這個角度來看，人類一直想要貶抑動物，認為動物低於人類，人類比動物來得崇高，其動機就容易理解了：我們需要動物作為墊腳石，把自己抬得高一點，藉以拉開跟死亡的距離。

一些心理學的實驗發現，人類經常把動物跟死亡聯想在一起。表面上看這並沒有什麼道理。但是動物畢竟沒有靈性，只有肉體，肉體必死，所以動物跟死亡只有咫尺之隔；此外，作為病原體的媒介，動物也讓人聯想到死亡。那麼把死亡跟動物綁在一起，把死亡連結到動物的肉體上，然後強調人類跟動物的界線分明，雖然跟動物一樣活在肉體之中，但只要想到人類擁有靈魂、心智、理性，可以超越動物性肉體的生老病死之上，可以連結到「不朽」，就顯然有助於減輕死亡帶給我們的恐懼與焦慮。

（2）人類中心主義

那麼要如何在人類與動物之間劃清界線呢？最現成、常用的一個標準，就是各種心智方面的能力，包括感覺、認知，以及情緒的感應程度。當然，用心智能力作為排列道德地位高低的標準，本來就是一種以人類為「萬物尺度」的人類中心標準，因為動物在這些方面原本就不可能跟人類並駕齊驅。不過一般的想法仍然認為，心智能力是人性的特徵；那些心智能力比較高的動物，也就是能夠感知痛苦，具有恐懼、高興、生氣、寂寞等情緒的動物，跟人類相像的地方比較多，地位也就比較高，需要人類更好的對待。

但是人類怎麼認定動物的心智能力呢？心理學的一些研究發現，人類願意賦予什麼動物什麼樣的心智能力，往往是被人類自我中心的成見所影響的。

不難想像，動物的外觀包括行為以及體型，會影響人類對他們的評價。猿猴以及哺乳類動物，與人類相近的特色比較多，人類自然會想像他們具有較高的心智能力。實驗也顯示，跟人類在行為、生態、身體結構上接近的動物，比較受到人類的喜歡。流浪動物收容所裡面的狗，如果臉部表情看起來像是人的微笑，眼睛大而且距離寬，被領養的機會就比較大。在動物園裡面，遊客最喜歡，停留觀看時間最久的，首推靈長類以及哺乳類，至於爬蟲類、齧齒類，以及昆蟲類則最不受歡迎。一項跨國的心理學調查，要求受測者估計一些動物在感受痛苦、喜悅、恐懼、厭倦等心智能力上，跟正常成年人類的差異程度。結果發現大家普遍認為，猴子、狗、人類嬰兒的感知能力最高，可以達到成年人的八十％，雞跟老鼠是人類的六十％，魚類則只達到人類的四十七％。另一項類似的跨國研究發現，在受測者的心目中，黑猩猩、人類嬰兒的感知能力被認為最高，雞、章魚，以及魚類被視為最低，牛羊以及豬的排序則在中間。這些觀感上的差異，當然反映到了人類願意賦予這些動物什麼樣的道德地位，結果心智能力高的動物，所受到的保護也比較多。但心智能力的排位，最後要取決於動物跟人類在外觀上相近的程度。

（3）動物的心智與能不能吃

心理學家另外還注意到了一個現象，人類願意賦予動物多少心智能力，跟自己如何使用動物——特別是吃肉——很有關係。一些研究發現，在人類的眼裡，動物的心智能力跟這種動物能不能吃，有一定的相關性。

舉例而言，有一項實驗要求受測者給不同的動物做心智能力的排序，另外還詢問受測者願不願意吃這些動物，想到吃他們會不會覺得噁心。結果發現，如果直接先問願不願意吃，願意吃的意願會比較高，可是如果先做心智能力排序，然後再問食用的意願，那麼去吃的意願就降低了。換言之，如果先誘導受測者想到了動物具有心智能力，吃他們的欲望就會減少。

一般而言，一種動物被賦予的心智能力愈高，人類吃他的意願就會跟著降低。有研究發現，素食者賦予動物的心智能力，要比雜食者來得高。但反過來，也有實驗顯示，一種動物如果在分類上被列為食用動物，那麼人類也傾向於低估這種動物的心智能力。事實上，吃肉的人一般會賦予動物比較低的心智能力。

在這裡，我們必須談一下「吃動物」這件事所牽涉到的心理困擾。其實每個人都知道，自己吃的動物具有一定程度的心智能力，至少能夠感覺到痛苦；大家也都會承認，給動物造成不必要的痛苦是不對的。這時候，你如果不吃肉，這兩個想法就可以和平共存，甚至於相互搭配，得出「不應該吃肉」的道德結論。後面我們會見到，這正是效益主義（一般稱為功利主義）動物倫理學的論證步驟。但是如果你吃肉，就比較麻煩了。這兩個想法會產生對立，形成一種尷尬的局面，無形中批評到了你的吃肉習慣。可是放棄吃肉是很難的：你得挑戰自己所習慣的飲食文化以及周邊的社會習俗，這代價是很高的。

問題出在哪裡呢？出在吃肉會讓這兩個想法發生衝突。在心理學裡面，這個現象稱為「認知失調」：兩個想法之間的衝突，令當事人進入不舒服的緊張狀態。這時候，最自然的作法就是放棄其中一個想法，不要讓這兩個想法形成了夾擊的態勢。

於是有些人會放棄第一個想法，不承認動物具有心智能力。這是為什麼吃肉的人通常會否定動物具有心靈：像上面所引述的實驗那樣，為了方便吃肉，吃肉的人可以調整自己的觀念，主張動物的心智能力很低，並不會感覺到痛苦。但也經常有人選擇另外一條路，也就是放棄上述的第二個想法，認為動物的痛苦並不重要，可以不要理會，因此吃肉並沒有什麼不對。

為吃肉做辯護，常見的說法很多，有一位心理學家把它們歸納為所謂四個N：necessary，必要，為了健康跟體力，人類需要吃肉；natural 自然，吃肉是人類天生的習慣，從遠古時代就開始吃肉了；normal，正常，大家都吃肉，不吃肉是反社會的異端；nice，美味，肉類食物本來就好吃。研究發現，肉食者如果接受這些說法，心裡的罪惡感會減輕。這些說法是不是成立，是另外一個問題。但是用來將吃肉合理化，這些說詞確實有助於消除吃肉所引發的認知失調，減少吃肉造成的心理壓力。

三、總結

話說回來，心理學家一直到非常晚近才開始研究人類如何看動物，所獲得的成果還相當零散，無法整理出一幅完整、系統的圖像。不過大致上可以看出，人類必須跟動物生活在一起，所以需要拉近跟動物的距離，但是人類又傾向於以人類為中心、認為人類是萬物之靈，所以需要維繫人類跟動物的界線，貶低動物的地位。特別重要的是，人類需要使用動物，尤其是當作食物。這些現實的需求，在很大的程度上影響了人類對動物的看法。你可以說，人類注定要從自己的角度去看動物，這包括了擬人化，也包括了從自私的需求、欲望去界定動物的地位。這些心理上的機制，都不利於從道德的角度去思考動物。

但是儘管人類常常會懼怕、嫌惡動物，會只顧自己的需要去濫用動物，但是不要忘記，人類是一種道德動物，非常在乎自己能不能算是一個「道德人」，會擔心自己作為一個人，是不是表現了足夠的道德品質。人類一般會避免任意地傷害動物，不見得是因為真的在乎動物，而是因為自己會感到不舒服，覺得心裡不安。這也是一種強大的心理學事實，跟上面所描述的各種負面看待動物的心理因素一樣真實。平常我們會用「良心」之類的字眼來形容這種正面的道德力量，好像有點難以捉摸。但其實這正是道德心理學的一個核心議題：我怎麼界定自己，我希望自己成為什麼樣的人，本身就是一個迫切的道德問題，也是一種真實的道德動力，昔日稱之為良心，今天可以稱之為追尋和確認「道德自我」。這種心理的機制，在思考關於動物的倫理問題時，扮演著很重要的角色。到了本書後面，我會從這個角度建立我心目中的動物倫理。

在上面，我們提到了一個重要的觀念：人類中心主義。在我看來，這是動物倫理必須要克服的首要問題。在下面第三講，我們就來討論人類中心主義。

第三講

人類中心主義的起源

在上一講，我們談到了「人類中心主義」。我們說到，人類一方面要跟動物發展出緊密的共存關係，另一方面卻需要與動物維持絕對的距離，不能模糊了人類跟動物的界線；一方面不能不承認，動物跟人類有許多相似之處，另一方面仍要強調，人類擁有一些獨特的、更高明的能力，地位要比動物高，所以有權利支配和使用動物。人類與動物的這種層級關係，導致了人類中心主義：人類的地位高於動物，人類可以從自己的角度去界定、想像動物，根據自己的需求使用動物。人類居於主位，動物則是由人類來觀看與界定的客體、對象；在人類的想像中，動物為了人類而存在，不是為了他們自己而存在。

一、人類世

談到人類跟動物的關係，人類中心主義稱得上是最基礎、最核心，影響也最強大的一種意識形態。當然，在一個非常真實而不可能否認的意義上，我們根本不可能擺脫用人類的眼光去看世界。人類的生理構造、認知結構、生命週期，尤其是生活中的許多需求，都是人類這個物種已經給定的先天條件，這些條件決定了我們的一切經驗，都只能從人類的角度出發，人類的眼光跟需求，決定了我們如何去跟環境、跟世界打交道。我們注定不可能跳出人類的生命框架，去從某一種「不是人的」角度——例如神的角度、火星人的角度，或者一隻蜻蜓、一隻海豹的角度——去張望世界，除非你先把神、火星人、蜻蜓、海豹「擬人化」，也就是想像成人。畢竟「擬人化」原本也正是人類中心主義的一種表現。在有意或者無意之間，我們會要求這個世界一定要按照人類的規格呈現。你可以說，以人類為中心觀看萬物，界定世界，本來就是無可避免的事。

其實人類中心主義並不只局限在人類跟動物的關係上。人類跟整個地球的關係，都可以用「人類中心」來形容。這並不是誇大其詞。二十年前，荷蘭科學家克魯岑創造了「人類世」（anthropocene）這個概念，來形容人類中心主義的全盤勝利。他認為，從十八世紀工業革命以來，人類三百年的活動積累下來，對於地球、氣候，以及整個生態系統，造成了巨大的衝擊，構成了一個新的地質年代，足以結束此前歷時一萬餘年的「全新世」，進入「人類世」。在人類世，人類憑藉著龐大的人口、優勢的頭腦，以及強大的科技能力，從自己的角度、以自己為中心改造地球，結果就是城市、農村、天空、大地、氣候、物產，乃至於物種的存續與滅絕，動物和植物的品種跟生長方式，都被人類所改變，是按照人類的需求所「訂製」的。人類世的降臨，一方面說明了人類的能力足以參與造化，改造大自然，另一方面也證明了人類中心主義不只是一種主觀的心理態度，而是現階段地球歷史的「官方」意識形態。「人類主宰一切」界定了地球在這個時代的現況。

話說回來，人類中心主義即使不可避免，但是其中所表現的自大與狂妄，不能不令我們有所警惕。絕對的權力包含著絕對的責任；人類對地球施展強大而絕對的掌控，就不能不承受自己的行動所帶來的後果。什麼後果？今天大家都警覺到，任由人類支配地球、任性地改造世界，帶來的災難已經不可收拾。氣候暖化、環境污染、物種滅絕，乃至於病毒的猖獗，都是人類自作自受的後果。這時候，不能不檢討一下，人類中心主義也許無可躲避，但是是不是也應該受到一些道德的以及利害考量的節制？

在這裡，我們有必要區分兩種人類中心主義。不錯，我們只能從人類的角度去認知、了解世界，所以在認識論意義上的人類中心，就人類而言有其道理，就像各種動物也只能從自己物種為中心的視角去認知世界。可是從認識論的人類中心，轉化成評價意義上的人類中心，認為人類的價值高於其他生命，讓人類凌駕一切，主宰萬物，就注定帶來嚴重的災難。這也是我們的道德思考亟待檢討的一種人類中心主義。

就動物來說，人類中心主義帶來了鋪天蓋地的浩劫。狗進入人類的生活已經一萬多年，被稱為人類最好的朋友，但是實際上人類認為自己主宰著狗的命運。為了配合人類的需求以及審美眼光，我們透過各種訓練以及育種繁殖的手段，控制甚至改變了狗的習性、行為、身形、外貌、生理結構，甚至於帶給他們各種先天性的疾病。至於豬、牛、雞等經濟動物，更是人類中心主義最大的犧牲品。為了滿足人類的食物需求以及產業的利潤考量，這些動物幾乎變成了生產肉品、牛奶、雞蛋的機器，原本的生理結構、生命週期、繁殖生育、行為模式都被操縱、改變。他們的生命本身沒有意義，只是為了人類而生，在人類的控制之下苟活他們被允許的短暫生命，最後死在人類的餐桌上面。

很顯然，只要人類認為自己盤踞在宇宙的中心，動物為了人類而存在，他們的命運由人類來支配控制，人類可以隨需要而盡情使用，我們就不可能承認動物的生命屬於他們自己，不可能從他們的角度去考慮他們的利益，提供給他們基本的尊重和保障。因此，動物倫理的核心課題，正是從道德的角度去檢討、拆解評價意義上的人類中心主義，把動物的生命還給他們自己。

二、人類中心意識形態的物質基礎

在上一講，我們談到過人類中心主義的心理背景。根據一些心理學家的研究，人類為了克服對死亡的恐懼，需要抬高人類，特別是強調人類為萬物之靈，憑其高超的智力君臨動物。你可以說，人類把自己擺在宇宙中心的位置，是為了安撫心中的恐懼與焦慮，動物只是順便被當作墊腳石，雖然動物為此要付出極大的犧牲代價。

不過人類中心主義並不只是心靈的安慰劑而已。它能夠成為一種強大的意識形態籠罩全人類，超過了任何宗教或者政治的勢力，反而穿透了各種宗教信仰和政治意識形態，塑造了宗教教義和意識形態的價值觀，首先要靠明確、具體的物質基礎，那就是人類的生產方式和生活方式的改變，把動物變成了重要的經濟資源。既然在物質層面需要頻繁、大量地使用動物，包括當成日常的食物，在觀念上自然會認定動物是為了人類而活的。

其次，人類中心主義還需要思想上的經營。它需要一種人性論，足以證明人類與動物不同，比動物優越。希臘哲學用理性作為人類的特徵，認為理性的生命比一般生物單純肉體的生命更有價值，從而說明人類的地位高於動物。基督教的「神按照自己的形象造人」的故事，藉著神的權威，奠定了人類的中心地位。人類中心主義能滲透到日常具體生活的實踐之中，並且瀰漫在我們的思想、文化的每一個角落，這個過程是在物質領域與思想領域逐漸完成的。

首先我們來看物質基礎。

回顧遠古時代，人類靠漁獵採集為生，雖然需要跟動物搏鬥，但並不擁有動物。由於動物可以逃跑，可以抵抗，甚至於反過來傷害人類，動物跟人類處於一種平等的競爭關係之中，人類並不是居於當然的優勢，也就不可能特別強調自己比動物優越。相反，人類對於動物的特性，往往給予正面的評價；動物會受到人類的尊敬、模仿、崇拜。人類與動物當然有差別，不過人類跟動物之間的界線在許多情況之下可以跨越，動物可以轉為人形，人類可以轉世為動物，不少部落聲稱自己的始祖是某種動物，或者把某種動物視為保護神。換言之，人類雖然會設法獵殺動物、吃穿動物，但是他們跟動物並沒有上下從屬的關係，人類與動物的界線並不是銅牆鐵壁，截然不可跨越；相反，人類、動物乃至於神靈，相互之間仍然保留著某種精神層面的相通，這種情形在各種神話、巫術，以及圖騰信仰中都可以見到。

進入農業社會之後，人類跟自然界包括動物的關係，發生了重大的變化。在狩獵採集的生活方式中，動植物乃至於整個大自然畢竟是自然生長、運作的，並不聽命於人類；人類跟動物、植物的關係是一種接近平等的「互動」。但在農業社會的生產方式之下，人類開始馴化、控制動物以及各種農作物，甚至於開闢山林，整治河川，於是跟自然界的關係也就變成了上對下的「支配」。從「互動」到「支配」，代表人類對自然界的整套看法都有了改變。在農業人看來，動物以及其他農作物，必須按照人類的需要去加以馴服，以便利用，人類是支配者，動物與植物受他支配，是他的私有財產。從此動物失去了主體的地位。人類認為自己高於動物，與動物分屬兩個層級，兩個世界，兩者之間界線嚴明，不再可能跨越。我們可以說，農人正是人類中心主義最早的，也是天生的實踐者。

三、宗教與哲學的傲慢

這種人類與動物截然分隔、斷裂，人類居於中心，從人類的角度支配動物，把動物看成資源或者工具的觀點，被希臘哲學以及希伯來—基督教吸納進入他們的經典，加以系統化，變成了精密、複雜的教義跟哲學理論。希臘哲學和基督教，呼應了農業人在物質層面的實踐，可以稱為人類中心主義的理論家。他們所發展出來的思想體系，奠定了兩千年來西方的人類中心主義哲學與倫理觀。

說來有趣，基督教要求人類謙卑，可是它對動物的看法卻傲慢至極，是典型的人類中心主義。根據聖經，人類是按照神的形象所造，位在一神之下，萬物之上。他的地位在萬物之中是獨特、唯一的，萬物皆為了人類而存在。舊約創世紀的說法是：神按照自己的形象造人，規定了人類統治動物。在伊甸園裡面，亞當、夏娃的食物並不包括動物，但是到了被逐出伊甸園，神就將所有地上的、空中的、水裡的生命都交給人類，聽人使用，作為食物。不錯，這裡所謂「統治」包含著「監護」的意思，神把萬物交給人類管理，並不容許濫用；但是基本上，基督教明確認定了動物從屬於人類，是人類的資源和工具。因此美國學者林恩．懷特曾經指出，基督教乃是世界各種宗教之中最為人類中心的一種宗教。可是基督教這種關於人類與動物關係的觀點，卻逐漸擴散，成為教徒以及非教徒都普遍持有的想法。

不過人類中心主義在哲學上的奠基者，應該推希臘哲學家亞里斯多德，他用「理性」劃清了人類跟動物的界線。亞里斯多德把生命分為植物、動物以及人類三大類。植物只能吸取養分、生長、繁殖；動物比植物多了知覺以及判斷外在世界的能力；人類則又比動物多了理性的能力。理性讓人類跳出經驗的限制，能夠思考、規劃、選擇如何生活，從而按照自己認定的方式安排人生。在宇宙萬物之間，只有人類具備理性，也只有人類可以藉著理性超越肉體的限制，跟其他物種截然有別。理性讓人類居於最高的地位。

亞里斯多德之後兩千多年來，雖然經過了達爾文的物種進化論的挑戰，今天多數人仍然接受這種以理性為根據的人類中心主義：人類和動物的區別在於理性，人類的優越、支配地位是絕對的，動物生命不具有獨立的道德意義也是絕對的。因此我們不能不問，即使「理性」是人類獨有的特徵，也是人性之中值得珍惜的能力，但是為什麼它有資格在各種生命之間劃分價值的高下、地位的高低？

四、藉理性擺脫肉體與死亡

英國歷史學家基思．托馬斯在他的《人類與自然世界》一書中指出，西方思想家一直想找到人類某一種獨一無二的特徵，以便跟動物有所區別。歷代思想家舉出來的人類特徵包括了人類有理性、人類會笑、會使用工具、會信仰宗教、會烹調食物；即使承認人類是動物，也是無毛的兩足動物、是持有意見的動物、是會使用棍棒的動物。十六世紀的馬丁．路德跟十九世紀的教皇庇護十三，都認為人類跟動物的差別在於，只有人類才實行私有財產制度。托馬斯提出了一個有趣的觀察：人類這麼著迷於跟動物的區別，真正的目的其實是藉此鼓吹某種理想的人類形象。對於托馬斯的這個說法，我想到了一個不登大雅之堂的證據：據說自然界會面對面性交的動物只有人類和巴諾波猿（矮黑猩猩bonobo），好玩的是，以前的西方人雖然沒有聽說過巴諾波猿，卻從來沒有哪一位思想家強調，人類的特色是能夠面對面做愛，原因很容易想像：這個特色停留在肉體的層次，並不能替人類建立崇高偉大的形象。

因此，為了了解人類為什麼這麼著迷於自己擁有理性，我們應該問問人類賦予「理性」什麼特殊的意義。

希臘哲學的語境，提供了一個線索。早在柏拉圖關於蘇格拉底之死的對話錄中，蘇格拉底就多次強調，哲學家不怕死亡，「做哲學的目的之一就是練習死亡」，死亡的好處是讓我們擺脫肉體的羈絆，剩下純粹的理性，才能追求真正的真理，不再被肉體的種種慾望、恐懼、感官幻覺所干擾。換言之，希臘哲學認為理性才是真正的人格所在，肉體只是外加的軀殼，暫時的棲身之所。死亡之後擺脫了這具軀殼的拖累，剩下純粹的理性，人類才能進入更為真實、高級的生命。

從這裡可以看出，人類高舉理性，最初的原因是厭惡、畏懼自己的肉體，希望能夠擺脫肉體，實現完全理性的自我，也就是真正符合完美人類形象的理想人性。

你覺得這個想法奇怪嗎？其實並不奇怪。肉體雖然是人類生命的本體，卻也是最大的負擔；肉體匯集了人類的各種脆弱之處，也是人類跟動物完全相同的部分。沒有肉體，我們就不會生病、衰老、死亡；擺脫肉體，我們就不會耽溺在各種飲食需求跟生理欲望的糾纏之中，一輩子無法脫身；沒有肉體，我們就不用為了自己的排泄物、分泌的體液、性交的姿勢、裸體的模樣感到噁心或者羞恥，必須設法隱藏遮蓋。總之，若是沒有肉體，我們就不會看到自己處處都跟動物一個模樣，做同樣的事情，受同樣的外力支配，一樣吃喝拉撒，一樣生老病死，毫無萬物之靈的尊嚴與高貴可言。幸好人類除了肉體，還擁有理性。如果擺脫了肉體，剩下的理性像水晶一般的清澈、冷峻、金剛不壞，人類不也就擺脫了肉體帶來的各種脆弱、各種醜態、各種動物特徵，終於獲得高貴、永恆的生命了嗎？這是希臘哲學賦予理性的關鍵意義，也是此後一切心物二元論、靈魂肉體二元論在人類思想史上歷久不衰的潛意識動力。

人類為什麼高舉理性，強調人類因理性而居於宇宙的中心，可以鄙視動物、支配動物，在這裡找到了解答。那是因為人類無法忍受自己的肉體，嚮往一種逃離肉身的不死境界。這種心情說起來有點可笑，也有點可憐。但是這種心情所產生的實際效果卻是動物的浩劫。無論是希臘哲人以理性為名所建立的人類優越論，還是基督教以神的旨意為名所建立的人類中心論，共同的效應就是鞏固了人類對動物的支配地位。從此，動物的生命失去了本身的意義和價值。動物只剩下對人類的工具價值。也因此，如果想要重建人類與動物的道德關係，我們需要先克服這種建立在「理性」之上的人類中心主義。這是下面一講的主題。

第四講

動物倫理學的來時路

要回溯動物倫理學的來時路，就要回顧人類跟動物關係的歷史，以及這一頁歷史所孕育出來的道德意識。

在上面一講我們談到，進到農業社會的生產方式之後，動物在人類眼中失去了獨立性，被人類飼養、馴服，成為供人類使用的資源和工具。從此之後，在現實層面，人類成為動物的支配者。我們也說到，在思想的層面出現了與此相呼應的人類中心意識形態。希臘哲學將人類界定為具有理性的動物，地位在自然界之上，其他的動物以及植物由於缺乏理性能力，淪為次一等的生命，專供人類使用。換言之，希臘哲學獨尊理性，鞏固了人類的主宰地位，以人類為中心的世界觀由此成形。另一方面，在宗教信仰的層面，基督教抬高人類，主張人類乃是神按照自己的形象所造，神所創造的其他萬物都臣服於人類，進一步為人類中心主義提供了宗教的權威。

在希臘哲學與基督教這兩個源頭的影響之下，其後兩千年的西方世界，人類中心主義籠罩了關於動物的倫理思考，對待動物的態度是高度不友善的。那麼在人類中心的前提之下，思想家是如何描述動物的道德地位的呢？在此，我們當然無法完整地敘述西方的動物思想史。不過總的來說，西方哲學關於動物的道德地位的基本想法都傾向於否定，其間大致可以分出「絕對否定論」跟「相對否定論」兩大類。

一、否定動物的道德地位

絕對否定論是一種極端的觀點，直接認定動物沒有任何道德地位，如何對待動物並不構成道德問題。主張這種想法的思想家不多，下面會提到的哲學家笛卡兒是代表人物。

相對否定論也否認動物具有道德意義，不過跟絕對否定論不同，這種觀點主張，雖然人類對動物本身不可能負有直接的道德義務，但是由於我們對待動物的方式會牽涉到其他的人類，那麼由於我們對其他人是有道德義務的，所以我們對動物也會負有一些間接的義務。

無論是絕對還是相對，這兩種否定論都否認動物本身有資格獲得道德的考量與對待。這種情況之下，動物倫理學幾乎沒有存在的可能。這兩種否定論的基礎是一樣的：動物不具有理性，而理性乃是獲得道德地位的唯一依據，所以動物不能進入道德的領域。這種對道德的看法顯然是一種過於狹窄、偏頗的道德觀。但是從這裡可以看出，問題出在人類對「道德」這件事的理解有問題：道德當然仰仗理性，需要理性的引導，但是不能用理性壟斷了道德關懷跟保護的門檻；只有扭轉人類的道德觀，讓並不具有理性的動物也能進入道德的範圍，才有動物倫理學存身的餘地。

事實上，大約在十八世紀前後，有一些思想家開始呼籲道德不能只關注理性思考的能力，卻忽視感覺層面的痛苦跟快樂，特別是疼痛的感覺。把痛苦當成道德問題，今天聽起來是常識，但實際上卻是歷史發展的結果，我認為這是一種道德觀的革命。正是十八世紀之後西方道德觀的改變，將道德關懷的門檻從理性擴展到肉體的感知，動物倫理學才告誕生。這一頁歷史，值得在此回顧一下。

二、絕對否定與相對否定

讓我們從相對否定論開始談。西元四世紀的奧古斯丁與十三世紀的阿奎納斯，揉合了希臘哲學和基督教的人類中心主義。他們關於動物的道德地位的觀點，堪稱相對否定論的典型。首先，他們都強調萬物之間存在著等級秩序，人類獨具理性，能夠思考跟追求超越的理想，因此居於萬物的頂端，動物與植物皆供他使用。其次，既然動物應該接受人類的支配與使用，那麼宰殺動物食用，在道德上並不構成問題。第三，人類對動物本身雖然可以為所欲為，不直接對動物負有任何道德義務，但是如果動物有主人，那麼因為我們有直接的義務去尊重這個主人的財產權，所以對於有主人的動物，我們有一種間接的義務。第四，動物能夠感知痛苦，動物的受苦自然會引起人類的憐憫之心，不過這種憐憫之所以是一種美德，值得鼓勵，是因為它有助於培養我們對人類的憐憫心，至於對動物本身的憐憫，並不算是一種道德義務。

在這裡需要注意，雖然奧古斯丁跟阿奎納斯都屬於典型的人類中心主義，但是他們至少承認動物能夠感知痛苦，甚至於能引起人類的憐憫與同情；他們只是認為動物的痛苦並沒有道德意義，不會給人類帶來道德的要求。但是到了近代，隨著科學宇宙觀的興起，機械論開始流行，就有一些思想家連動物的痛苦也要否認。一個極端的例子是十七世紀的笛卡兒。他的哲學是一種絕對的心物二元論：一方面，他提出「我思故我在」，我的存在由心靈活動與自我意識所構成，寄居在身體裡，但並不附屬於身體；另一方面，身體以及其他物體，都被簡化成物質或者機械的運作，人類的肉體也不例外。

就人類而言，所好的是在肉體之外還擁有心智，所以人類不能被簡化成為機器。至於動物，那就慘了。由於笛卡兒認為動物根本沒有靈魂，所以動物只是一部構造精巧的機器，外表看起來像是有各種感覺，對於刺激能夠有反應，受到刀割或者烙鐵炙燙的時候會嚎叫與奮力掙扎，但是這並不代表他們有什麼感覺，而只是動物身體內部器官的機械運作。就像一部機器可以偵測到外界的敲打而有反應，但是你不能說機器「感覺」到了這些敲打；同樣的道理，動物可以「偵測」到外來的刺激，不過這並不代表他們有感覺。在笛卡兒眼裡，動物不僅沒有理性，連感知疼痛的能力都被剝奪了。動物被完全、徹底地物化，跟石頭、木頭一樣，不可能得到道德上的位置。

笛卡兒這種想法，對於動物的道德地位是一種絕對的否定論。多數思想家不會像他那麼粗暴，連動物感知疼痛的能力都要剝奪。多數人寧可選擇相對的否定，像上述的阿奎納斯一樣，雖然否認動物本身具有道德地位，仍然從兩個角度承認動物可以經由人類獲得間接的道德意義。一個角度，是把動物看成人類的私有財產，主張人類對動物本身雖然並沒有直接的道德義務，不過由於必須尊重動物主人的財產權，所以對屬於他的動物仍有間接的義務，不能傷害他們。另外一個角度關心的是虐待動物會敗壞人性：我們不應該虐待動物，理由並不是出於對動物本身的關懷愛護，而是因為對動物殘暴的人也會對身邊的人殘暴，憐憫動物的人則會對人類更有同情心，所以我們有間接的理由禁止虐待動物。十八世紀的哲學家康德，便是這種「間接義務論」的代表。

三、時代的限制

無論是絕對否定論還是相對否定論，都讓人感覺到一種強詞奪理的成分。一口咬定動物不會感知疼痛，固然是偏執到了荒唐的程度，認為動物的痛苦本身並不值得重視，就只能說是人類中心主義的成見在作祟了。有時候你會納悶，幾千年來那麼多了不起的思想家，居然沒有辦法把動物的痛苦看成正當、合理的道德關懷對象，不是非常奇怪的一件事嗎？問題出在哪裡呢？簡單的回答是：時代的限制。

我們知道，人類的道德觀念跟道德方面的意識，是在歷史中逐漸變化、發展的。所以不同時代、不同社會的人，對於是非善惡的感覺跟判斷會不太一樣。有些人因此採取道德相對主義的立場，認為不同時代、不同社會的道德觀念彼此之間只有不同，並沒有對錯、高下的比較可言。我認為這是錯誤的。我寧可說，人類的道德有發展與進步可言，所以會有不同。但只要從恰當的角度來觀察、對照，便會發現所謂的「不同」是一種演進，在某些方面，人們的道德觀逐漸變得更為包容、寬厚，我們有理由說就是比較進步。不錯，「道德進步」是一個充滿爭議的說法，今天很少有人認同。但是我卻捨不得放棄「道德進步」這個可貴的願望，至少就人類跟動物的關係來看，我認為人類對待動物的態度是在逐漸進步之中的。這個問題，到了最後我們還會再討論。無論如何，那麼多偉大的思想家居然會認定動物的痛苦沒有道德意義，最簡單的解釋就是，他們生活在一種對痛苦不夠敏感的氛圍之中，他們的道德感性受到了時代的限制。但是隨著道德意識的演進，新的一個時代的人們會逐漸地、緩慢地開始有能力把痛苦當成重大、迫切的道德問題來看待。這個問題相關的精采著作很多，無法在此詳細敘述。我們只能最簡略地描述一下從前的情況，跟後來的情況對比，你就會看出人類的道德觀是有進步可言的。

在西方歷史上，虐待動物是司空見慣的事情。不談日常的「正常」使用動物，例如宰殺動物供食用，用動物拉車、耕田，用動物作為交通工具、戰爭工具等等。這類功能性的使用已經涉及大量的殘酷暴力。但是在此之外，人類還一直用動物進行各種血腥遊戲，也就是把虐待、殘殺動物當成消遣，當成玩樂。以前歐洲人的血腥遊戲有多麼殘忍，我們今天已經不容易想像了。

古羅馬競技場內大量搏殺成千上萬各種遠方運來的大型野獸，皇帝、貴族與平民坐在看台上觀賞歡呼，留下了羅馬人特別殘忍的惡名。近代西方貴族的圍獵狐狸，平民階層的鬥熊、鬥狗、鬥雞、鬥牛，都是以殘酷傷害動物為樂的例證。十八世紀的英國人會比賽誰能一口咬下活雞的頭。會付錢圍觀一隻熊被鐵鍊綁住，然後放出一群狗去攻擊撕咬，歷時幾天幾夜，直到狗跟熊都死傷慘重。貴族會騎著馬指揮一大群獵犬，追逐一隻狐狸，直到他精疲力竭被狗撕裂。我推薦各位上網，搜尋英國畫家賀加斯（William Hogarth）一七五一年的名畫《殘酷的第一個階段》，這幅畫生動地描繪了倫敦街頭各種虐待動物的歡樂圖。類似的場景，從宮廷到校園，從街頭到酒館，曾經是老少咸宜的歡笑來源，今天卻引起我們的噁心、痛恨，原因何在？

其實，近代初期歐洲社會的殘暴是一種文化，對動物如此，對人類也不例外。宗教戰爭與宗教迫害蔓延幾百年，教派之間的殺戮極為血腥；法律上的各種刑罰也極為嚴苛，五花八門的酷刑拷打、凌遲處死，已經接近了變態。但是今天的人最難理解的，可能並不是這些殘酷暴行如此普遍，如此制度化，而是一般民眾對殘酷景象的不在乎。事實上，當時的很多酷刑跟死刑都是公開執行的，民眾扶老攜幼去看熱鬧，以血腥的場面以及他人的痛苦和死亡景觀為樂。既然大家對人類的痛苦都能如此的不在乎甚至於樂在其中，那麼把動物遭受的折磨與痛苦當成娛樂，又有什麼奇怪的呢？

四、人道主義革命

但是到了十七、十八世紀，歐洲人的感性出現了變化。所謂感性出現了變化，意思是說人的心腸變得比較柔軟，情感開始活躍，能夠設身處地想像他人的感覺，對於陌生

威廉・賀加斯，《殘酷的第一個階段》（局部）。賀加斯的四幅「殘酷」圖，描寫湯姆・尼羅從小時候虐待貓狗，到第二個階段虐待家畜，第三個階段則殺害了女友，第四個階段是《完美的殘酷》，尼羅在遭絞刑之後被作為醫學解剖的教材。

人的遭遇和苦難，變得比較敏感，也更為在乎。這種新的感性瀰漫擴散開來，蔚為風氣，到十八世紀中葉，在貴族跟中產階級之間，當眾表演自己心腸的柔軟與情感的纖細脆弱，幾乎變成了一種流行的時尚。

這個具有歷史里程碑意義的變化，有學者稱為「人道主義革命」，因為它所帶來的同情、關懷、慈悲、憐憫等等人道主義的價值，慢慢取代了原先受到推崇、瀰漫在空氣中的勇武、暴力、好鬥與殘忍之類的習性。當然，在實際行為上，人們並不會完全放棄暴力跟殘酷，但是在心理感受上，在道德評價上，在社會風氣上，大家開始跟暴力和殘酷拉開了距離，不忍心看到血腥與痛苦。暴力以及征服、殺戮、酷刑仍然盛行，但需要找到更多、更精緻的藉口，也更需要加以遮蔽、隱藏。

人道主義革命有多重的起因，宗教戰爭的慘烈結果所催逼出來的宗教寬容、思想上的啟蒙運動，還有人口的流動所帶來的眼界開放，都起了推動的作用。但有一個因素值得特別說一下，那就是描寫私人感情的言情小說興起，一時之間席捲了整個歐洲。像英國的《潘美拉》、法國的《茱莉》、德國的《少年維特的煩惱》，這樣的小說，跟此前的主流文學不同，所寫的不再是英雄武士貴族的征戰冒險傳奇，而是普通少男少女的繾綣私情。這些小說細緻地描寫小人物的內心情緒掙扎，我們今天讀起來大概會覺得濫情，起雞皮疙瘩，在當年卻風靡歐洲，所產生的效果，正是帶領讀者進入他人的內心世界，再轉回來打開了自己的情感閘門，在他人跟自我之間，形成強烈的互動與共鳴。這種文學作品，幫助讀者分享他人的喜怒哀樂情感，從而培養同情、同理之心。這整個閱讀經驗，可以稱為一種情感教育，影響所及，就是改變了無數人的道德意識，也改變了道德哲學的走向。

五、高調的道德觀與底線的道德觀

在這裡，讓我們停下來，思考道德哲學的一個基本問題：「道德」的功能是什麼？前面我們說到，人類有一種根深柢固的願望，就是擺脫肉體，擺脫肉體所體現的種種脆弱與不完美，進入一種理性的生命，因為這種狀態最能夠彰顯人類身為萬物之靈的崇高尊嚴。跟這個願望相呼應，道德的功能就在於把「自然人」變成「道德人」，把受肉體欲望支配的人，變成追求精神理想的人，把實然狀態下不完美的人，提升到應然狀態的完美，把平凡人的生命品質，提升到理想的境界。我要強調，這是一種高調的道德觀；道德是一種砥礪自己的追求，它所關心的是個人的道德成就，塑造出來的是道德英雄。這是古典時代的道德觀，流傳到今天仍然在我們的心中鼓動著。

但是人道主義革命的情感教育逐漸擴散之後，一種新的道德觀緩緩浮現：生活中的悲喜苦樂等等日常、切身的實際感受，開始受到重視，逐漸能跟個人的道德修養與成就平起平坐，成為道德思考的核心問題。我們開始注意他人的遭遇跟苦難，能夠感同身受，產生同情，從而認為苦難是一種沒有積極意義的負面經驗，減輕苦難乃是道德的第一要務。經過這個轉折，道德思考開始轉向低調，也可以稱之為底線道德。什麼叫做低調？如果說高調的道德所關心的是道德的成就，敦促人們追隨道德楷模，克服欲望，提升自己，進而成聖成賢，那麼低調的道德就是安於平凡，重視個體生命的日常具體感受，特別是肉體層次的痛苦跟快樂。從低調的道德觀來看，道德的功能在於減少外來的傷害，舒緩個體生命所承受的苦難。必須強調，低調的道德並不排斥任何人去追求生命的提升，追求更高的道德境界，不過道德也一定要能夠回到底線的層次，設法減少世界上的苦難。這種道德的要求是：避免製造痛苦，設法紓解苦難。

這種新道德觀產生了廣大的影響。十八世紀以後，它跟法國大革命的激進思潮結合，把人道主義關懷人間痛苦的道德訴求，落實到社會改革的行動上，於是在一些國家出現了強大的人道主義運動，開創各種慈善事業，援助各類弱勢群體，例如監獄的改革，廢止奴隸制度，救助風塵少女，保護童工，爭取婦女投票權，廢止死刑，降低工人的工作時數等等。這些運動的共同信念，就是同情世上的受苦人，認為痛苦與暴力乃是首要的惡，需要設法減輕乃至於消除。

在這些人道主義運動之間，也包括了動物保護運動。英國在一八二四年成立了世界上第一個動物保護團體「防制虐待動物協會」，並且逐漸散布到其他國家。有了這種新道德觀，有了人道主義的社會改革運動，加上新的效益主義道德哲學提供了理論支援，動物倫理學誕生所需要的思想條件跟社會條件已經具備。動物倫理學的第一步，正是在效益主義的基礎上踏出去的。那麼什麼是效益主義？它如何幫助動物倫理學踏出了第一步？我們在下一講繼續努力，跟各位一起重溫動物倫理學的這個第一步。

第五講

效益主義

從十八世紀到一九七〇年代

在上一講裡，我們談到十八世紀的人道主義革命，帶來了一種新的道德感性，在這種新感性的驅動之下，道德思考逐漸從一種高調的道德觀，轉向低調的道德觀，把人們的切身遭遇，當成道德的核心問題。所謂低調的道德觀，就是把日常生活中的身心感受——特別是痛苦跟愉快——看成道德必須關注的主題。如果說高調的道德觀追求一些高遠的道德理想，那麼低調的道德觀寧可回頭關心個體是不是能夠少受一些痛苦，多享受一點快樂。現在我們要談的效益主義，就是典型的低調的道德哲學。在這一講，我要簡單地介紹效益主義的「低調」主張，以及對動物問題的意義。

不過在這裡需要在名詞上稍做一點說明，我所說的「效益主義」，通行的名稱是「功利主義」。「功利主義」這個中文翻譯的歷史悠久，約定俗成，大家已經很習慣了。但是中文的「功利」一詞容易引起負面的聯想，例如孔子說「君子喻於義，小人喻於利」，孟子也提出義利之辨，強調仁義，「何必曰利」；即使在今天的白話文裡，「急功近利」通常也是一種批評。這當然是因為我們早已經被高調的道德觀所潛移默化，嚮往崇高的理想，對於「功利」多少有點不屑甚至於排斥。為了避免這類負面的聯想，學界正在用「效益主義」取代「功利主義」，這個譯法應該說是比較中性的，同時也更為準確。因此在這裡，我也會用「效益主義」一詞。

一、效益主義：一種「後果」導向的道德觀

效益主義對動物特別友善，為動物倫理提供了最早的理論支柱，不是沒有道理的。效益主義的道德觀有三個特色：第一是重視後果，第二是擴大了道德所關注的範圍，第三則是主張平等。無論是對西方道德觀的轉向，還是動物倫理學的出現，這三點都有重大的意義，我們分別說明如下。

先說「重視後果」這一點。大家知道，要判斷一件事情的對錯好壞，可以有不同的著眼點。有些道德觀關注的是，做這件事的人具備什麼樣的心地跟動機，只要是心地好的人出於善意做的事情，就符合了道德的要求，至於結果是好是壞，並不是道德所需要考慮的。另外有一些道德觀，則關注行為是不是遵循正確的道德規範，一個行為只要符

合了相關的道德規則的要求，就算是對的行為，至於結果的利與害，同樣不是道德所需要過問的。效益主義捨棄了這兩種道德觀，調整方向，把道德的著眼點放到事情的後果上，也就是根據行為所帶來的利益跟害處，判斷它的是非對錯。

這個著眼點的轉移，確實很合理，也有重大的意義。道德當然希望人們有好的品格、良善的動機，但是道德不會只要求大家誠意正心做好人；畢竟，好人、好事都可能帶來意想不到的災難；不是說「通往地獄的路是善意鋪成的」嗎？道德也希望人的行為能夠符合道德規則的要求，但是不能變成形式主義；畢竟，規則本身是不是合理，是不是能配合當下的實際情境，最重要的是這個規則是不是真的有實質的道德意義，本身也需要先檢討一下。說到最後，道德畢竟要回到現實世界，要對事情的實際狀況有點影響，因此就不能不追問一件行為如何影響到了人們的實際利益跟福祉。道德不可能只關心好人、好心、好事，只管道德誡命的規定是什麼，卻不理會這些行為、這些誡命，有沒有帶來某些更好的結果。

其次，要如何理解「效益主義**擴大了道德關注的範圍**」？上面我們說到，效益主義把道德的著眼點轉移到了後果，但是焦點轉移之後，道德的關注對象，也從居於主動地位的行為者，擴大到了被行為影響到的承受者。這一點很重要。有道德意義的行為，一般都可以分出「**行為者**」跟「**承受者**」；行為者是主體，也就是從事行為的人，承受者是客體，承受著行為者的行為的影響。絕大多數的行為都有承受者；即使是魯賓遜一個人漂流到荒島上生活，他還是可能污染海洋，影響到其他人、其他生物。

古典的道德觀一般並不特別強調行為者跟承受者之間的區分。它們通常只關注行為者跟行為本身，這是因為，如果道德的著眼處是行為者的品格如何，行為的動機是不是良善，或者行為是不是符合道德規則，那當然就會盯著行為者以及他的行為。但是如果你關注的是後果，你就不能不注意到這個後果是誰在承受。

效益主義關心承受者，這一點為動物打開了進入道德範圍的大門。確實，如果只談行為者，你當然會認為道德只關心具有道德能力，能夠思考與選擇的理性人類，對他們提出道德指引跟道德要求。至於那些沒有理性能力、沒有道德能力的生命，既然不可能了解道德指引跟道德的要求，你也就有理由不去理會他們。但是後果主義把焦點轉移到了行為的承受者，被行為影響到的人。既然這些人只是被動地承受著別人行為的衝擊，那麼他們有沒有理性，有沒有道德能力，就不是問題所在了。因此，你沒有理由再拿道德能力作為標準，把不具有足夠理性的對象排除到道德領域之外。但是這道閘門打開之後，動物就有機會進入道德考量的範圍。其實不只是動物，還有嬰兒、缺乏思考與認知能力的人、智力障礙的人、失智症患者、精神疾病患者，以及遭受各種心理問題折磨的人。他們的能力、稟賦有所不足，道德修為跟理性能力有所欠缺，卻也都開始受到道德的保護，原因只是因為他們可能受到行為者所帶來的傷害。這意味著道德的關注範圍大為擴展。

現在來看效益主義的第三個特色，也就是道德上的平等。它是怎麼主張「道德的平等」呢？上面說過，效益主義看重的是行為所造成的具體影響，具體而言就是帶來的利益跟傷害，至於這些利益跟傷害屬於誰，這個受傷害者具有什麼身分、能力、成就，從道德的角度來說，當然都是屬於次要的。換言之，效益主義的平等，意思就是每個個體所承受的利益與傷害，所獲得的重視跟考量應該是平等的。這個想法，其實相當符合我們的道德直覺。我們認為，道德在本質上必須承認所有人的平等，對所有的人一視同仁，不偏不倚，無私無我。但是要怎麼落實這種一視同仁的平等主義要求呢？效益主義認為，把著眼點放在個人的利益上，不去管這個個人身上的特色，似乎最能滿足「平等看待」的要求。無論是誰，不管他多麼尊貴或者卑賤，不論他屬於什麼族群，也不問他的品格、心地，不理會他的道德修為或者成就，只要具有類似的利益跟傷害，這些利益跟傷害，便應該獲得平等的考量。因此，效益主義比起其他道德理論，更能突破成見，把道德的關懷擴展到原先遭到忽視、歧視，或者排斥的群體。我們會看到，這一點，正是效益主義建立動物倫理學的關鍵。

二、效益主義與動物

效益主義的代表人物英國哲學家邊沁，在十八世紀末葉的一段話，指明了效益主義對動物的態度，具有里程碑的意義，經常被人引用，我們在此也一定要再讀一次。這段話說：

或許有一天，動物可以取得原本屬於他們、但只因為人類的殘暴力量而遭到剝奪的權利。法國人已經發現，皮膚是黑色並不構成理由，聽任一個人陷身在施虐者的恣意之下而無救濟之途。有一天大家也許會明瞭，長了幾條腿、皮膚是否長毛，或者脊椎骨的尾端長成尾巴，也同樣是不充分的理由，聽任一個有感知能力的生命，陷身在同樣的命運之中。其他還有什麼原因可以劃下這條不容逾越的界線？是理性嗎？還是語言能力？可是跟一個剛生下一天、一週、一個月的嬰兒比起來，一隻成年的馬或者狗，都是遠遠更為理性、更可以溝通的動物。不過即使這一點不成立，又能證明什麼呢？問題不在於「他們能推理嗎？」，也不是「他們能說話嗎？」，而是「他們會感受到痛苦嗎？」（轉引自彼得・辛格所著《動物解放》。）

邊沁的這一段話鏗鏘有力，把效益主義的革命性訴求說得淋漓盡致。他的意思是說，人類用殘暴的力量奴役黑人，虐待動物。但是皮膚的顏色並不構成差別待遇的理由，人類跟動物的差異，也同樣並不具有道德意義；我們沒有理由因為皮膚的顏色而奴役黑人，也沒有理由因為一些生理結構上的差異，就對動物任意虐待。至於理性、語言能力等等，也不足以決定一個生命應該獲得什麼樣的待遇。唯一足以決定對待方式的因素，就是「他能感受到痛苦嗎？」。換言之，任何生命，只要能感知到痛苦，就應該獲得同樣的道德地位。至於他是黑人還是白人，屬於人類還是動物，都是次要的問題。

邊沁的這一段話，只是他在一本大書裡的一個腳註。但從他的傳記可以看到，他本人對動物相當有愛心，不僅容忍老鼠在書房裡出沒，甚至還把一隻豬當成寵物養在家裡。但是他並沒有發展出完整的動物倫理學；他也不認為吃肉、動物活體解剖等等，都是絕對的錯誤。這件工作要由二十世紀另一位效益主義者彼得．辛格來完成。彼得．辛格用「能不能感知痛苦」作為核心的問題，充分發揮上述效益主義的三點特性，開創了當代的動物倫理學。我們在下一講，會詳細解釋辛格的理論。現在我們先談一下動物倫理學在當代興起的背景。

三、動物倫理學如何興起

說起來，「動物倫理」是一個相當年輕的領域，至今只有不到五十年的歷史。一九七五年，彼得．辛格出版《動物解放》一書的時候，他只是一位二十九歲的年輕哲學教師。這本書出版之初，並沒有立刻引起注意，但是幾年之後它開始受到矚目，傳播廣遠，膾炙人口，產生了革命性的效果，除了喚起無數讀者對動物議題的關注之外，它為西方的動物保護運動奠定了理論的基礎，也在學院之中開拓了「動物倫理學」這個新領域。這本書被譽為「動物保護運動的聖經」，雖然不無誇大，但它的影響確實是非常可觀的。無數讀者，包括我自己，都是因為讀到這本書，有如當頭棒喝，受到了啟發與影響，走上了動物保護的道路。

辛格的觀點為什麼造成這麼大的衝擊？我在前面曾經一再強調，人類的道德意識是逐漸演變、發展出來的，是有其歷史的。人類對動物的態度有所改善，感覺到任意傷害動物於心不忍，需要兩方面的條件配合。其一是社會風氣、社會輿論的改變，也就是由於社會的變遷發展，人們的道德感性也跟著有所變化，鬆緩了原先對動物的殘暴、冷漠態度。其二則是需要找到合適的理論工具，也就是找到一種道德理論，它本身的架構更有包容力，不僅納入了原先被排斥在道德關懷範圍之外的異類人群，還可以跟根深柢固的人類中心主義對抗，納入屬於更為異類的動物。上面我們看到，效益主義已經意識到了道德不能把動物排除在外。辛格充分利用效益主義的理論資源，讓動物倫理能夠言之成理，在當代人的道德意識中獲得共鳴。

那麼社會的心態、風氣是不是也能配合呢？

其實，在十九世紀末葉，歐洲已經出現關懷動物的聲音。英國人亨利・索特（Henry Salt）在一八九二年出版過一本《動物權利》，不過時代不能配合，這本書泥牛入海，沒有引起注意。對比之下，二十世紀下半葉的動物倫理學，乃至於動物保護運動，在很大的程度上是時代的產物。辛格的《動物解放》，書名就呼應了一九七〇年代西方的時代背景跟社會潮流。當時在西方，有兩種運動正進行得如火如荼，一個是黑人的民權運動，爭取黑人的平等地位；另一個就是婦女解放運動，爭取女性的平等地位。黑人的解放跟女性的解放在年輕世代之間獲得了廣大的支持，「解放」一詞大家耳熟能詳，辛格順勢而行，提出動物的解放，爭取動物的平等地位，果然打入人心，引起了熱烈的共鳴。

翻開辛格的《動物解放》一書，第一章第一節的標題就是「種族主義、性別歧視與動物權利」。為什麼要拿動物的權利跟種族主義以及性別歧視相提並論呢？那是因為辛格認為，種族歧視、性別歧視，以及人類對動物的物種歧視，三者的邏輯結構是一樣的。指出種族主義跟性別歧視的錯誤在哪裡，就可以看出人類對動物的歧視也犯了同樣的錯誤。反過來，追求種族平等、性別平等，所根據的理由，也可以證明人類為什麼應該平等地考量動物的利益。辛格將種族主義、性別歧視跟動物的問題相提並論，是他的書能夠直指人心的關鍵原因。

什麼叫做歧視？所謂歧視，就是因為某個群體在某一種特徵上跟我們不一樣，所以受到我們的排擠壓迫，不能享有跟我們一樣的平等權利。種族歧視用黑人跟白人在種族、膚色上的差異作為藉口，認為黑人不如白人，白人可以壓迫黑人；性別歧視則是藉口男人跟女人的性別差異，認為男人的地位高於女人，兩性沒有平等的權利。很明顯地，這兩種歧視都是強調某一種差異，然後用這種差異作為理由，得出不能平等看待的結論。那麼動物呢？辛格認為，人類歧視動物，完全套用了種族歧視跟性別歧視的邏輯，只是因為動物跟人類屬於完全不同的物種，彼此之間的差異太大，所以人類有充分的理由壓迫動物，不願意把人類跟動物看成平等的生命。

接下來的問題就是：差異的存在當然是事實，但是這些差異跟平等有什麼關係呢？如果只要有差別就不能談平等，那麼「人有百百種」，人類內部也根本不應該談平等嗎？其實，今天幾乎所有的國家都會強調，無論性別、種族、宗教、職業、階級，所有的人都享有平等的道德地位、法律地位、政治地位。換言之，道德、法律、政治上的平等，跟性別、種族、宗教、階級的差異並沒有關係。在談平等的時候，性別、族群的差別並沒有意義，是不相干的。因此，種族歧視跟性別歧視的錯誤在於，用不相干的差別作為藉口，剝奪了黑人跟女性應該享有的平等權利。

這個論點非常強大、非常犀利，但是這個論點能不能延伸到動物呢？人類跟動物之間的差別當然明顯而且有其意義，這是不爭的事實。問題是，物種之間的差別，跟平等這個要求有沒有關係？不錯，性別跟族群的差異跟平等沒有關係，不能作為不平等的藉口。但是難道一隻狗跟一個人之間的物種差別，也跟平等沒有關係，不能因此認定他們之間的不平等嗎？這聽起來很荒唐，大家不會接受的。關鍵的問題是，「平等」究竟是什麼意思？

其實，平等並不是泛泛談平等；平等一定指在某一個特定方面的平等。上面談到性別的平等跟種族的平等，指的是不同性別或者不同族群在道德、政治、法律地位上的平等。在此先不討論法律與政治地位的平等，單就道德地位的平等而言，我們若是主張無分性別、族群，所有的人在道德上都是平等的，甚至於進一步，無論物種，人類跟動物在道德上是平等的，這裡的道德平等，究竟是哪一個方面的平等？邊沁說出了重點：問題不在於「他們能推理嗎？」，也不是「他們能說話嗎？」，而是「他們會感受到痛苦嗎？」，動物跟人類都能感知痛苦這一點，便是人類與動物平等的基礎。無論一隻狗跟一個人有多麼大的差別，但是既然他們都能感知痛苦，他們的痛苦便應該獲得平等的關注。辛格的動物倫理學，就是要發揮這個觀點。

在下一講，我們會仔細介紹辛格的理論。

第六講

彼得・辛格1

痛苦衍生的道德要求

在上面第五講，介紹了彼得・辛格的基本觀點。現在，我們要正式探討辛格的理論。需要說明一下，從這一講開始，我們進入了動物倫理學的哲學堂奧。接下來，我們會碰到一些哲學性質的概念跟論證，如果你沒有接觸過哲學，一時之間可能不太習慣，會覺得繞來繞去挺夾纏的。但是我可以保證，只要你稍微用心，有點耐心，這些思辨是難不倒你的。

人類對待動物的方式，一向非常的殘酷、血腥，但是在人類中心主義的籠罩之下，傳統的道德觀並不認為這種殘酷跟血腥構成嚴重的道德問題。人類中心主義舉出了動物沒有理性，沒有語言能力，沒有自我意識等等事實，說明動物根本不具有道德能力，因此也不具有道德地位，道德根本不需要去理會人類帶給動物的傷害和痛苦。

效益主義要挑戰道德哲學的這種成見。在上一講，我們引用過十八世紀末葉英國哲學家邊沁的一段話，追問人類有什麼理由把動物排除在道德保護的範圍之外。他表示，要知道動物有沒有道德地位，問題並不在於「他們有理性嗎？」或者「他們能說話嗎？」；關鍵的問題是：「他們能感受到痛苦嗎？」這個看似簡單的問題，正是彼得・辛格建立動物倫理學的出發點，也是當代多數動物倫理理論的基礎，其意義非比尋常。

一、你怎麼知道動物會痛苦？

在這裡，我必須打個岔，談一下「痛苦」這個概念。各位大概都不會懷疑，絕大多數的人類跟動物能夠感知自己身上的痛苦。但總是會有人質疑，你怎麼知道動物感受到了痛苦？痛苦是一種很主觀、在身體內部的感覺，動物又不會告訴你他的感覺，你怎麼能確定他感到痛苦呢？其實同樣的問題，也可以用到人類的身上：一個人說他牙痛，但是你永遠只能根據自己的牙痛經驗，去想像他的牙痛，你不可能直接去感覺到他的牙疼是怎麼回事。換言之，說一個生命感受到了疼痛，永遠是一種合理的想像，一種推論，而不可能是直接的經驗。對人類如此，對動物也一樣。

那麼這種推論的依據是什麼？辛格指出，我們可以根據動物神經系統跟人類的類似程度，根據動物在行為外觀上的表現方式，以及疼痛這種感覺在演化上所發揮的功能，推斷許多動物跟人類一樣，能夠感知痛苦。生理學與解剖學顯示，多數動物的神經系統跟人類非常接近，能夠接收跟傳達疼痛的刺激；動物感受到疼痛時會翻滾、慘叫、呻吟、逃避，跟人類的反應很相近；而感知痛苦的能力，能夠幫助動物躲避痛苦的來源，保護自己，顯然具有演化上的功能。根據這些證據，我們可以肯定，很多動物是能夠感知痛苦的。

另一方面，還有人擔心，植物是不是也能感知痛苦？如果植物也能感知痛苦，稻米蔬菜不是也應該跟動物一樣，獲得道德的地位嗎？你為什麼只談動物倫理，不談植物倫理呢？

其實從上面所列出的三個方面來看，植物並沒有跟動物相似的神經組織，並沒有跟動物相似的行為表現，同時植物也不會靠躲避痛苦的來源以求保護自己。因此，並沒有明確的證據，讓我們推論植物能夠感知疼痛。不錯，人類如何對待植物，大概也是問題重重，需要反省跟思考。不過針對植物的倫理思考，跟針對人類以及動物的倫理思考，所依據的原則應該大有差異，但這並不是我們的主題所在，我本人也缺乏研究，在此只能略過。

回到動物的痛苦。在字面上，「痛苦」跟「疼痛」似乎有一些區別：疼痛可以泛指一切反射性的負面感覺，並不需要進入意識層面，痛苦則屬於意識到的經驗，需要比較複雜的中樞神經系統。而我們所謂的「動物」包羅萬象，一般認為其中的很多種類雖然有反射性的感覺可言，卻不能說感知到痛苦，例如多數的無脊椎動物。不過這些複雜的科學問題，跟我們的主題有些距離，也超出了我個人的知識範圍，在此也只能避開。畢竟，多數跟人類直接發生關係的動物，包括在家裡一起生活的同伴動物、當成食物與毛皮來源使用的經濟動物、科學研發以及教學所使用的實驗動物，還有被人類獵殺、奪走棲息地的野生動物，很明顯都是能夠感知痛苦的，大家並不會有疑問。

二、能感知痛苦，就應該獲得道德保護

邊沁和辛格用「感知痛苦」作為指標，為這些跟人類關係密切的動物尋找道德地位，其中的道理說起來很平常，但確實包含著重要的道德思考線索。

在邊沁以及辛格看來，「感知痛苦」是一個最低的、起碼的門檻，任何生命，只要能跨過這個門檻，就進入了道德的領域，取得了道德地位，必須受到道德的保護。我們來看看為什麼。辛格指出，「能不能感知痛苦」，跟你的頭髮是黑色還是黃色，長得高還是矮、是草食動物還是肉食動物，懂不懂微積分、會不會使用語言，並不是同一類的事情。你身上有沒有這些特色，比如說你會不會做數學題目，身高體重多少，並不會影

響你有還是沒有道德身分；換言之，這些特色並不具有道德的意義。對比之下，「感知痛苦」這種能力，卻是具有道德意義的。感知痛苦的道德意義，除了痛苦本身是一種負面的經驗之外，還在於它帶出了「利益」這個概念：一個個體若是能夠感知痛苦，就代表它有利益可言；感知痛苦的能力，乃是有利益可言的前提，因為能夠感知痛苦，就代表它知道身上發生的事情對自己有利還是有害。一塊石頭不會感覺到痛苦，因此石頭並沒有利益可言：你可以對一顆價值連城的鑽石做任何事，無論是好事還是壞事，都不能說你傷害了這顆鑽石的利益。但是一個人、一隻狗、一隻老鼠，只要能夠感覺到痛苦，那麼你對他做什麼，顯然就影響到了他的利益。

在這裡，有人會提出質疑：那麼沒有感覺痛苦的能力，就沒有利益可言？一棵樹或者一隻牡蠣雖然不會感覺到痛苦，但他們的繼續存活，不就是他們的利益所在嗎？砍倒一棵樹，吃掉一顆牡蠣，難道沒有傷害到他的利益？不錯，這個質疑有道理！也許我們應該說，能夠感知痛苦，就有利益可言；但是不能感知痛苦，並不代表沒有利益可言。換言之，感知痛苦可以說是有利益可言的充分條件，卻不一定構成了必要條件。

這個問題可以很複雜，但是在這裡我同樣不打算深入，只能留給各位自行思考。好在我們在生活中遇到的多數情況，都是明顯有痛苦可言的動物，不至於引起實踐上的太大困擾。

進一步的問題是，利益跟道德地位又有什麼關係？不要忘記，邊沁跟辛格都是倫理學上的效益主義者；我們說過，效益主義認為道德上判斷一件事的是非對錯，所要考慮的是這件事情所帶來的後果，至於行為者的動機、品格，或者他遵循了什麼道德法則，都屬於次要，並不是道德判斷的依據。所以邊沁跟辛格自然認為道德要關心利益。但是即使我們不是效益主義者，根據常理，我們也會承認道德應該要關注個體的利益，譴責對於利益的不當傷害。空談心性良知，空談道德法則，卻不去過問一件事給「誰」帶來了「什麼樣」的利益還是傷害，這種道德豈不是太空泛、太不食人間煙火了？講不講這種道德，有點像是追問穿鞋子的時候應該先穿左腳還是先穿右腳，並不會造成現實世界裡的太大差別，這等於是把道德給架空了。為了讓道德具有實質的意義，一個對象是不是應該受到道德的考量跟保護，首先要看他是不是有利益需要考量跟保護；既然有利益，就有道德地位。

讓我們總結一下：能感知痛苦，就有利益可言；有利益可言，就有道德地位。——這是辛格動物倫理學的第一個核心主張。其實我們可以把這個主張再簡化一點：任何生命，只要能夠感知痛苦，就應該受到道德的關注跟保護。根據這個主張，幾乎所有被人類使用的動物，都是有道德地位的。也就是說，你如何對待這樣的動物，是有道德上的是非對錯可言的。

三、利益必須獲得平等的考量

到此為止，辛格說明了「感知痛苦」這道門檻的重大道德意義。這道門檻把動物納入了道德的範圍，明確地承認了動物的道德地位。對關心動物的人來說，接下來的問題是，道德要如何關注動物的利益？怎麼做才符合道德的本質？

辛格的答案是：「利益必須獲得平等的考量」。這是他的動物倫理學的第二個核心主張，但是這個主張是什麼意思呢？我們先想想一個簡單的例子：如果人類的利益是滿足口腹之欲，但一隻豬的利益是不要被宰殺吃掉；面對這兩種利益的衝突，道德會要求我們把這兩種利益放在天秤上公平地比較，不可以只顧人的利益，卻不考慮豬的利益。不要忘記，豬的利益牽涉到生死，人的利益卻只在滿足口腹之欲，這兩種利益孰輕孰重，請問你會如何在中間做衡量呢？

大家會開始抗議：為什麼要把人的利益跟豬的利益放在平等的地位上比較？這時候辛格提醒我們，沒辦法，這是道德的本質要求啊！道德一定會要求平等看待所有相關對象的利益。如果做決定的時候不是中立無私的，而是偏袒我自己的利益，或者某個特殊的小圈子的利益，那就一定算不上是道德判斷。我族中心主義、男性中心主義、白人中心主義，乃至於我們一直在談的人類中心主義，都是有所偏袒的觀點，因此它們都不能算是從道德出發、符合道德要求的觀點。事實上，我們批判這類觀點，正是因為它們違反了道德的基本要求，也就是沒有平等地看待所有相關的個體。道德要求平等，這是道德的基本特徵。

大家會說，哪有什麼道德會要求把人跟豬放在一起平等看待？這種道德豈不是荒唐至極？各位誤會了。其實，從效益主義的立場看，道德要求平等地看待的，並不是人跟豬，並不是說人跟豬平等，更不是要給人和豬一樣的待遇，而是人的利益跟豬的利益之間，兩種利益之間，要做平等的考量。所以辛格並不需要理會人跟豬是不是一樣，而是追問人的利益跟豬的利益是不是獲得了同樣的考量。考量的結果可能是人吃豬肉的利益，壓倒了豬活下去的利益。這當然很不可能，因為滿足口腹之欲，不可能比繼續活命來得重要。但是至少我們要讓這兩種利益有機會擺上天秤，做公平的比較。問題是，人類通常根本不願意承認豬的利益有任何分量；我們先天地就認定了人類的利益一定壓倒豬的利益，甚至於不承認豬也有利益可言。這種態度，豈不正是人類中心主義嗎？

我猜想大家還是不會滿意。你要比較口腹之欲跟繼續活命這兩種利益嗎？不錯，人的活命當然比人的口腹之欲重要，如果富人朱門酒肉臭，窮人路有凍死骨，那當然富人應該放棄他的口腹利益，設法讓窮人能夠吃飽活命。換言之，人的口腹之欲必須讓位給人的活命權利。但是人的口腹之欲跟豬的活命權利呢？照一般的想法，這時候口腹之欲的分量，好像又可以壓倒繼續活命的重要性了？這兩種情況對比之下，很顯然，大家在考慮的並不是吃肉跟活命哪一件事重要，而是認為人的利益先天就比豬的利益重要，至於這個利益是吃肉還是活命並沒有列入考慮。換言之，大家眼裡還是只看到人跟豬的對比，而並不是看吃肉跟活命這兩件事的對比。

分析到這裡，問題已經很明顯了。我們在思考誰的利益優先的時候，非常容易陷入各種成見、偏見的支配。在種族主義的偏見支配之下，白人認為自己的利益比黑人的利益優先；在性別歧視的偏見支配之下，男人認為自己的利益比女人優先；在人類中心主義的偏見支配之下，我們也毫不客氣地認定，自己吃肉的利益要比豬活命的利益還要優先。在這幾種情況中，我們根本沒有思考這些利益各自有多大的分量；我們只是根據私心，根據偏見，根據利益屬於誰，便對利益的輕重先後，做下了判斷。如果這不叫偏袒、不叫徇私、不叫不公平，還有什麼事算是不公平？一種態度如果造成這樣不公平的結果，還有資格稱為道德的態度嗎？

辛格提出「利益的平等考量」，正是要擺脫這種私心跟成見的支配。我們不能基於富人跟窮人的差別，去判斷誰的利益重要；我們只能根據利益本身的相對重要性，去安排利益的先後順序。既然如此，那麼推而廣之，利益的主人是誰並不重要；重要的是利益本身。只有從利益本身去判斷輕重先後，才符合道德的要求。辛格建議我們對利益做平等考量，不去理會這些利益是誰的利益，正是要說明這個道理。

四、總結

現在我們總結一下。辛格的這兩個主張——第一，一個生命若是能夠感知痛苦，就有資格受到道德的關注；以及第二，這個生命的痛苦，需要獲得平等的考量。——各位聽到這裡，覺得有說服力嗎？從《動物解放》這本書出版以後所不斷產生的龐大影響來看，辛格的理論不僅淺顯易懂，深入人心，同時可以立即應用到人類各種使用動物的實際例子上，對於各種殘酷虐待動物的方式提出批判。這兩方面的優點，也正是效益主義作為一種規範倫理學的引人之處：既符合我們的道德直覺，又能直接指引立法跟公共政策。《動物解放》書出之後，動物保護運動在各地都開始蓬勃發展，保護動物也逐漸成為大家接受的公共倫理。在這些方面，辛格的倫理學貢獻很大。在下一講，我們要介紹他的理論如何應用到一些實例上。

但是辛格的理論是不是也有問題呢？其實，除了掀起各地的動保運動之外，辛格的重要貢獻之一，就是也激發了不少批評。一路下來，許多哲學家指出了辛格理論的不妥、不足之處，並且設法發展跟他不一樣的動物倫理學。我們可以說，對辛格的批評，構成了日後動物倫理學發展的主要動力。這些批評可以分為兩類。一類針對「利益」這個概念，主要集中在「感受痛苦」這個標準的理論缺陷上；另一類則針對辛格對道德這件事的理解，挑戰效益主義的「平等考量」說法。我們會陸續介紹這些批評。正是靠著這些你來我往的思辨過程，動物倫理不斷向前發展，我們對動物的道德思考也就愈發深入。

第七講

彼得．辛格2
吃肉與動物實驗

在上一講，我們提綱挈領，介紹了辛格的動物倫理的觀點。他提出兩個核心主張：第一，任何生命，只要能夠感知痛苦，就有利益可言，因此也就擁有道德地位；這意思是說，我們在做涉及這個生命的判斷與決定的時候，需要將他的利益列入考量。那麼怎麼考量呢？第二，在考量不同個體的利益之時，我們要給予這些利益同樣的權重，平等地看待這些利益，不能因為這個個體屬於什麼物種而有所歧視。利益就是利益，利益就必須獲得平等的考量；至於這是誰的利益，屬於男人還是女人，屬於黑人還是白人，屬於人還是狗，不能影響到這些利益所受到的重視程度。

回到現實，這兩項主張的含意是什麼？從這種觀點出發，我們怎麼看待人類使用動物的各種方式？

人類使用動物，當然是為了人類的利益。人類想吃肉，於是宰殺動物作為食物；人類需要同伴，於是在家裡飼養小貓小狗；人類要追求科學知識，要找到有效、安全的醫藥與化妝品，於是進行動物實驗；人類還需要休閒娛樂，於是有了動物園、馬戲團，以及各種動物展覽、表演、鬥牛、賽馬、釣魚、狩獵。假如不是為了自己的利益，人類何必使用動物呢？

這是動物倫理要處理的核心問題：人類不能不使用動物，於是不能不面對人類利益跟動物利益的衝突。的確，有一些理想主義者呼籲人類不要再使用動物，至少不要以血腥殘酷的方式使用動物，不吃肉，不穿皮革產品，例如皮鞋、皮草，不再進行動物實驗。但是這些要求的標準太高，絕大多數的人聽不進去，在今天的社會裡也幾乎行不通。我們要承認，一種道德要求如果悖離了現實狀況太遠，即使具有很高的道德理想性，通常也是很難做到的，結果往往適得其反。我當然認為社會會改變，也必須改變，但是改變有它的節奏跟進程，也要逐步克服制度的惰性跟人類的自私，不可能只憑道德呼籲就一步到位。

就這一點而言，辛格的動物倫理學相當踏實。面對人類利益跟動物利益的衝突，一個極端是，人類中心主義只看重人類的利益，完全忽視動物的利益；在另一個極端，是上面提到的道德理想主義，為了提高動物的權益，便要求人類放棄許多當下被認為是必要的、或者習以為常的利益。辛格認為這兩種立場都有問題。他所提出的兩項原則並不要求人類完全不再使用動物；但是在使用動物的時候，我們必須公平地衡量、比較人類的利益跟動物的利益。道德思考要避免非黑即白，要容許不同情況下的彈性與調整。因此我們要問的是，根據辛格的平等考量原則，在什麼情況之下可以使用動物呢？現在，在這一講，我們用吃肉跟動物實驗兩個問題作為例子，說明辛格的觀點。

一、我們該不該吃肉？

吃肉大概是人類利益絕對壓倒動物利益的典型，可以作為例子，說明辛格的態度。絕大多數的人每天都在吃肉，並且是大量地吃肉，卻從來不去想嘴裡的肉是怎麼來的。吃肉當然需要先經過生產肉品的一連串過程，從繁殖、豢養動物，到「活體」運送、屠宰、分裝，最後變成超市裡的肉品。由於肉類必須以高效率、低成本的方式生產，才能滿足廣大消費者的需求，也才能為肉品產業鍊的各個環節帶來利潤，結果就是集約式、工廠化的資本主義養殖方式，取代了以前農家在院子裡養幾隻豬、幾隻雞的田園生產方式。這種追求低成本、高利潤的過程往往是極為殘酷的，在每一方面都違反了動物的需求跟天性，造成大量的折磨以及痛苦。到最後，當然還必須快速宰殺動物，也就是在一片血腥之中終結他們的生命。顯然，在吃肉這件事上，人類的利益跟動物的利益正好衝突。面對這種衝突，按照辛格所要求的利益的平等考量，會得到什麼結論呢？

首先要注意，辛格區分開了「利益」跟「生命」這兩個概念：他的平等主義雖然要求利益的平等考量，卻並不認為一切生命是平等的。你覺得他自相矛盾嗎？其實不然。他的想法是，一般而言，人類的智力比動物高，感知以及想像的範圍比動物廣闊、複雜，所以人類能夠感知到的快樂跟痛苦，也要比動物來得豐富；到了同樣面對死亡的時候，人類的痛苦會比動物來得強烈得多，包括預知死亡將來臨時的恐懼，想到人生的希望與抱負橫遭打斷的遺憾，以及世間各種留戀牽掛所帶來的悲傷，還有死者的親友所要承受的打擊跟思念。動物面對死亡也會感知到痛苦、恐懼、焦慮，不過在程度上可能比人類來得輕，內容也比較模糊。在這個意義上，辛格認為一般而言，人類的生命比動物的生命更值得保護與維繫。也因此，在某些情況中，人類吃肉的利益，可以壓倒動物活命的利益。

根據這些考慮，如果除了動物，沒有其他的食物來源，那麼人類為了活命，當然可以吃動物。因紐特人、愛斯基摩人，還有一些游牧民族，由於環境的艱困或者生活方式比較特殊，動物幾乎是唯一的食物來源，吃肉當然是可以容許的。只要平等地考量人類與動物的利益，就可以得到這個結論。

但是除了這類情況之外，如果人類吃肉的原因只是出於習慣，只是因為口腹之欲，只是為了舌尖的美感，並不涉及自己的存活，這種利益跟動物的生命利益相比，跟他們在養殖、屠宰過程中所要承受的痛苦相比，顯然不成比例。這時候，根據平等考量利益的原則，吃肉就是錯的，人類不應該吃肉。這也是平等原則的邏輯結論。

那麼我們是不是應該變成素食主義者，完全拒絕肉食呢？辛格在這裡考慮了一種餘地。如果使用傳統的放養方式飼養少數動物，讓動物按照天性覓食、交配，在比較開闊的自然空間裡自由活動，最後用比較人道的方式宰殺食用，這種動物或許可以食用。但是這種肉顯然不可能商品化，在工業化、都市化的環境裡也不可能存在。何況現代人的食物選擇非常充沛多樣，宰殺然後食用自己養的動物並非必要。所以整體而言，雖然辛格願意考慮少數例外的情況，他的主張仍然是一種涵蓋肉類、蛋類以及乳類的素食主義。

說到這裡，我想談一個實踐層面的問題。有一些人，知道肉類甚至於蛋類跟乳製品等食物，都是用動物的苦難以及死亡作為代價的，但是由於種種原因，他們無法即刻轉成素食，完全放棄這些食物。對這種情形，我自己主張一種「量化」的素食主義，也就是把吃肉看成數量多少的問題，而不是絕對的吃還是不吃的問題。我相信，如果設法減少吃肉，無論是次數的減少，例如每天三餐有一餐是素食，還是吃肉分量的減少，例如多吃蔬果少吃肉，不僅在量上減少了對動物的傷害，主觀上也幫助了素食意識的普及。這種方式也許缺少道德的一致性，但我認為符合效益主義動物倫理的基本精神。

其實，吃肉除了對動物造成嚴重的傷害，還牽涉到其他的道德問題，例如飼養這些肉用的經濟動物，需要耗用全球穀物產量的六十—七十%，但是世界上至少還有十億人口在飢餓邊緣苟活；富裕國家為了吃肉，用糧食養雞養牛，窮國的人民卻連基本的口糧都不夠吃。還有，在飼養過程中要耗費大量的用水，浪費非常珍貴、有限的水資源；又例如動物的排泄物釋放巨量的甲烷，據估計在溫室氣體中占了十七%，是地球暖化的一個重要來源，甚至於超過了所有交通工具排放廢氣的總和。這些問題都是嚴肅的道德問題，都是肉食者應該列入考慮的，篇幅有限就不多談。在此我只是想要說明，由於辛格的道德原則是平等地比較人類跟動物的利益，看人類吃肉所滿足的利益，跟吃肉帶給動物的痛苦與傷害，哪一個更重要、更嚴重。因此他對於吃肉的態度雖然保留了一些彈性，但他仍然堅信素食應該是保護動物的一般性原則。

二、該用動物做實驗嗎？

在吃肉之外，動物實驗是辛格一直關注的另外一個議題。在這個問題上，他也保留了一些彈性。

一般人很少有機會走進實驗室，通常不會注意到人類為了獲得科學知識，為了在醫藥、美容、食品安全等方面開發、測試新的產品，要讓多少動物受到折磨、痛苦，以及死亡。這方面的統計數字非常不完整，但根據粗略的估計，美國每年要使用八千萬到一億隻各種動物做實驗與教學，這中間包括靈長類、貓狗，到老鼠、青蛙等等。這個數字雖然只有食用動物的百分之一，但也夠驚人的。在中國大陸，二〇一五年使用了一千二百萬隻實驗動物，並且隨著醫藥生物科技的進展，每年以超過十五%的速度在增加中。這兩年，由於新冠病毒猖獗流行，可以想像醫藥研發產業所使用的實驗動物數目也一定在急遽地增加。在台灣，每年也要使用三百萬隻實驗動物。

在動物身上做實驗，是人類利益跟動物利益衝突的另外一個經典例證。為了替動物實驗做辯解，一般的說法是，犧牲一些動物，可以推進醫學、病理學、生物學，以及心理學的進步，可以開發更為有效的藥物，還可以測試各類新產品的副作用，保障消費者的安全，當然是值得的，在道德上也無可厚非。特別是在動物身上做實驗，特意讓他們罹患某些疾病之後，如果能找到特效的解藥，往往可以拯救千千萬萬人類的生命，不是很好的事情嗎？

辛格認為，這個說法在事實上並不成立，背後的邏輯也大有問題。首先就事實而論，動物實驗的效用是不是真的像宣傳的那麼靈驗、重要，需要仔細地推敲。辛格指出，一般的實驗報告只會強調實驗獲得的成果，並不會描寫實驗過程中動物受到的折磨跟痛苦。這也很自然，因為對科學家來說，實驗本身才是舞台上的主角，動物只是實驗所使用的「器材」，他們的感受和遭遇只是「附帶耗損」，跟實驗的內容並沒有直接關係，同時動物的痛苦也很難用科學語言量化，沒有資格寫進實驗報告。

另一方面，那些能公開發表的實驗報告，通常也是成功獲得了結果的實驗。辛格引用早年英國政府一個委員會的調查，在英國，每年只有四分之一的實驗報告能夠發表。這個說法顯示，有相當比例的實驗雖然使用到了大量的動物，卻並沒有獲得成果，或者其成果的學術意義跟實用價值非常有限，並不值得發表。

其次，很多人說，動物實驗所獲得的成果能夠造福千千萬萬人類，治療一些疾病，甚至於免於死亡，所以用動物做實驗在道德上就是對的。這個說法也有邏輯的問題。按照這個邏輯，直接用人類來做實驗，更能配合人類的生理條件，不是更能保證效果嗎？當然，除了一些惡名昭彰的特殊例子，沒有人——包括科學家自己——會容忍用人類做實驗，那麼為什麼覺得用動物做實驗就可以呢？顯然，這中間正是人類中心主義在作祟，認為人類的利益優先，為了人類可以犧牲動物。這不就是赤裸裸的物種歧視嗎？

辛格再三強調，他並不是說一切動物實驗都是錯的，都沒有價值。但是他幾次追問：在什麼情況之下，用動物做實驗是合理的，可以接受的？很多人會說，如果只使用極少數的動物，盡量降低實驗過程中對他們的折磨，然後找到了某種仙丹靈藥，可以拯救千千萬萬人的生命，這種動物實驗也不能允許嗎？

辛格的回答是：如果成本可以這麼低，成果卻又這麼重要、寶貴，這種實驗當然可以做，值得做。但是為什麼一定要用動物做這種實驗？辛格假想一個情況：如果一個實驗的結果真的能夠拯救千萬人的生命，為什麼不找一個六個月大的嬰兒，他的腦部嚴重損傷，已經成為植物人，他被父母拋棄，只能在特殊的收容機構裡，靠機器維持他黯淡、短促的生命，然後用他來做實驗？所有的人當然都會認為不應該！但是為什麼不應該？不願意犧牲這樣的生命，換取千萬人的健康，唯一的原因，不就是這個嬰兒屬於人類嗎？

所以針對他提出的問題：「在什麼情況之下，動物實驗是合理的？」辛格的答覆是：如果有某個實驗，真的會帶給人類重大的貢獻，貢獻大到你願意用腦部損壞，心智能力跟動物一樣的人類，作為實驗對象，這時候你就可以使用動物做這個實驗。這個答案所根據的邏輯，就是利益的平等考量。不錯，如果一項實驗所能獲得的醫療效益，遠遠高於實驗對象所要付出的犧牲，這個實驗就是合理的。但是要用動物還是要用植物人來做這個實驗呢？假定這兩種對象所要付出的犧牲是一樣的，但是我們還是不願意用人類來做實驗，那麼根據平等考量利益的原則，就也不應該用動物做這個實驗。辛格用植物人作為對照，並不是說真的可以容許用植物人做實驗，而是要反襯出這類實驗往往並不值得做。

辛格的這個論證，引起很多人的強烈反感，到今天還常有人對他當面提出抗議，認為他歧視腦部受損的人，甚至於有人罵他是納粹。辛格的確並沒有絕對地反對用腦損的人做實驗，但他也並不反對在成本如此低、而成果如此重大的情況下做動物實驗。他想說明的其實是，主張動物實驗的人，往往會誇大實驗的必要性，誇大實驗的貢獻，為動物實驗找藉口，掩飾背後的人類中心成見。辛格指出，事實上幾乎不可能有這麼了不起的科學實驗的。

在這裡，辛格已經超出了動物倫理的範圍，開始檢討現代醫學看重「醫療」卻忽視「健康」的趨勢。十九世紀的英國人平均壽命只有四十二歲，到了二十世紀後期增加到了七十多歲，支持動物實驗的人，往往將這種進步歸功於醫學實驗所帶來的醫藥進步，但是有人指出，社會和環境的進步貢獻更大，超過了醫藥本身的貢獻。在美國，從一九一〇到一九八四年，人口死亡率降低了四十％，其中大約只有三・五％，可以歸功於醫藥的進步遏制了十大傳染性疾病。動物實驗在這三・五％中所占的比例應該更低。何況說到最後，與其全心全力尋找治療疾病的方法，為什麼不把更多的資源投入國民的營養以及健康的生活方式？

話說回來，辛格並沒有一味地反對動物實驗，而是要求對動物實驗有所管制。他要求研究機構在做動物實驗之前，先成立倫理委員會，審查實驗的必要性，評估可望獲得的成果是不是真的有意義、有價值，有沒有顧及實驗動物的福利，以及有沒有考慮到改用其他的方式從事這個實驗。這一點，在今天已經在很多國家施行。早在一九六〇年代，英國的科學家就提出了三個R的原則，也就是第一，設法用其他的研究方法「取代」replace動物實驗；第二，使用的動物數目要盡量「減量」reduce；以及第三，設法「精緻化」refine實驗動物所受到的待遇，包括對他們生活環境的照顧，以及實驗的手法更為人道。今天世界上很多國家都根據這三個原則立法，管理動物實驗。各地的實驗倫理委員會，也已經都接受了這些原則。辛格的訴求，跟這三個原則是完全吻合的。

《動物解放》書裡集中探討養殖場的食用動物跟研究機構的實驗動物，沒有談到寵物、狩獵、毛皮產業，以及動物園、馬戲團等其他動物的問題。這當然是因為經濟動物跟實驗動物所涉及的動物數量過於龐大，辛格希望用這兩類動物，說明他的倫理原則。畢竟，吃肉跟動物實驗所牽涉到的人類利益，不僅影響到的人口最多，也具有最高的正當性。如果辛格的倫理原則證明了吃肉跟動物實驗在道德上是錯誤的，那麼為了好玩，為了休閒，為了穿著的時髦，為了娛樂而使用動物，就更難通過道德的檢驗了。這些問題，辛格留給讀者自行思考。

這一講談到這裡，下面第八講，要開始進入另一位哲學家湯姆．里根，我們將先介紹他對辛格的批評，再進入他自己的動物倫理觀點。

第八講

湯姆・里根1
從辛格轉到康德

在前面，我們用了兩講介紹彼得・辛格的動物倫理。辛格的理論從提出之後產生了非常廣大的影響，《動物解放》這本書陸續被翻譯成多種文字，即使在即將滿五十年後的今天，仍然不斷為新的讀者啟蒙。他的理論能夠產生如此強大的衝擊，當然是因為它有足夠的說服力。我們強調過，辛格的觀點有兩項特色：第一，他提出了一種特別低調的道德觀：不談心性修養，不談形式的道德法則，轉而關注個體生命的具體利益，認為痛苦跟快樂具有首要的道德意義，任何道德思考，都要優先考慮個體所承受的利益跟傷害。這是一種非常接地氣的道德觀。第二，辛格的效益主義具有強烈的平等主義色彩，反對在不同人群、不同物種之間有所歧視，有差別待遇。這兩點，正好呼應了我們的時代精神，也就是重視現實的利益跟傷害，以及平等地關懷所有個體的利益。辛格的觀點引起了全世界無數讀者的共鳴，不是沒有道理的。將近五十年之後，辛格已經成為世界上最有公眾影響力的哲學家之一，他的關懷，也從動物擴充到了饑荒、世界範圍的貧富不均、利他主義等議題，但是他的整體觀點，依然遵循這兩個基本原則。

《動物解放》在一九七五年出版之後，獲得了大量的讚譽，卻也受到了不少批評，我在此特別舉出已經在二〇一七年去世的美國哲學家湯姆．里根，作為代表。里根在一九八三年出版了《動物權利》一書，這本書稱得上體大思精，從學院哲學的標準來說，我認為這是一本精心力作。雖然由於它深入了動物倫理學的精微繁雜之處，以至於這本書對一般讀者的影響不如辛格的《動物解放》，但是我相信這無損於它的哲學價值。在動物倫理學的領域裡，里根的觀點有它特殊的意義，值得重視。

在《動物權利》這本書裡，里根一方面從哲學的基礎層面上對辛格的理論提出了檢討，另一方面也發展出他自己一套康德式的動物倫理學。我們知道，在道德哲學的領域裡，康德主義跟效益主義，一直是涇渭分明的兩個大傳統，所以里根的動物倫理跟辛格的動物倫理也是針鋒相對。經過辛格，各位對效益主義已經有了初步的認識，在下面，我會設法介紹康德主義的基本觀點。不過需要先說明，由於康德主義跟效益主義的爭論牽涉到了一些哲學問題，再加上里根對於動物生命的想像要比辛格深入，他的理論也就更為複雜，所以進入他的理論要比辛格麻煩一點。我們要用兩講的篇幅，先介紹里根對辛格的批評，再說明里根自己的觀點。他的觀點，可以讓我們對動物生命的想像更為完整，我認為值得用心去了解。

一、里根對辛格的批評

里根對辛格的批評可以歸結為兩點。第一點偏向概念上的釐清：里根認為，在辛格的眼裡，動物的道德意義集中在他們的感受或者利益上，結果他忽視了動物本身。這是什麼意思？里根舉了一個例子：想像我們面前有幾個盤子，每個盤子裡都放著幾顆水果，有些水果香甜好吃，有些水果苦澀難吃。從辛格的效益主義的角度來看，每一盤水果的價值，是由上面的甜水果跟苦水果的比例來決定的，至於盤子本身，那只是容器，並沒有進入考慮。回到動物，辛格的理論關心的，也只是每個生命所感受到的痛苦跟快樂的比例，至於這個生命本身，只是盛裝這些苦樂感覺的容器，並不具有任何價值。

你可能會說，這種批評是雞蛋裡挑骨頭。痛苦跟快樂有意義，不正是因為有一個生命在感知這些苦與樂嗎？可是辛格自己說過，生命本身無所謂絕對的價值；一個生命的價值，完全取決於它所經驗到的痛苦跟快樂之間的比重，也就是取決於它的生活品質；愈快樂的生命就愈有價值，痛苦太多的生命，也就不是那麼值得活。里根的批評重點在此：正是因為價值完全由痛苦跟快樂所組成，結果辛格只能看到痛苦跟快樂的比較，卻看不出那個正在經歷、感受這些苦與樂的主體本身，有什麼價值。

延續這一點，里根提出了對辛格的第二個批評：既然辛格把焦點放在利益的比較之上，利益的主人反而消失了，其結果，便是辛格開啟了殘酷使用動物的方便之門，在某些情況之下允許吃肉，允許用動物做科學實驗。如果用十隻動物進行殘酷、痛苦的實驗，卻能發明一種新的疫苗，阻止某一種致死的傳染病傷害千萬人，效益主義願意接受。辛格自己也舉過例子，如果對一名恐怖分子施加非人的酷刑，逼他招供出來把核子炸彈藏在紐約市的什麼地方，結果阻止了一場人間浩劫，效益主義在原則上也是會認可的。

里根的這種批評，其實呼應著效益主義經常受到的一種指責，那就是效益主義不認為每個個體自成一個獨立的單位，而是允許跨越個體，將眾多個體的快樂和痛苦堆積、加總在一起計算，並沒有尊重個體之間的界線，也就是沒有尊重個體本身。如果傷害少數人，可以增加多數人的幸福，那麼效益主義是不惜犧牲少數的。個別的個體只是加總起來，計算快樂跟痛苦之間比例時的單位之一；個體本身以及他的苦與樂，並沒有絕對的地位。換言之，效益主義追求「最大多數生命的最大利益」，有可能犧牲掉某些居於少數的個體。如今辛格把效益主義的這個缺陷，帶進了動物倫理學，看起來好像只是效益主義理論的自然延伸，對辛格不必苛求，但其實這是有嚴重後果的。前面說過，由於人類的生活內容比動物複雜，牽涉到的利益更為多樣，所能感觸到的痛苦以及快樂更為明確、持久，即使沒有人類中心主義來作祟，人類的利益本來就很容易壓倒動物的利益。一旦接受了辛格的觀點，容許在人類跟動物之間進行利益的比較，人類利益的重要性，勢必壓倒注定被認為不重要的動物利益，最後倒楣的還是動物。

二、里根如何借用康德主義

但是回頭想一想，辛格為什麼要特別關注痛苦和快樂的感覺，卻不把這些感覺的主人列入考慮呢？那是因為他有所顧慮。他擔心，一旦把感覺的主體也列入道德衡量，他們身上的特色，很有可能會影響我們的考量：他們是男是女、黑人還是白人、好人還是壞人、天才還是笨蛋、人類還是動物，這些因素會賦予各個主體不一樣的價值，結果我們就無法專門針對個體的苦跟樂等等利益本身，做平等的考量了。大家想想看：古羅馬的正義女神雕像，為什麼要用布條蒙住雙眼，不要看到訴訟雙方是什麼樣的人？想想看，二十世紀的哲學家羅爾斯，為什麼要求設計正義原則的人接受「無知之幕」的隔離，不可以知道自己的真實身分跟利益是什麼？這兩個想法的用意，都是不要知道你是誰，用「無知」來保證我們所做的決定是公平而不偏不倚的。辛格的用意跟他們一樣，也是為了要能夠公平地考量當事者的利益。在辛格看起來，一旦利益的擁有者現身，平等主義這道防線就會失守，動物的利益必定首先被迫讓位給人類的利益。

里根雖然認同辛格的這種顧慮，但在他看來，辛格維護平等原則的作法，不僅違背了我們的道德直覺，並且可以說是因噎廢食。他認為，個體作為個體的價值，跟個體身上的各種特色的價值，本來就是兩回事。要維護平等原則，需要做的並不是完全忘掉個體本身，而是找到一種想像個體本身的方法，讓個體自有其價值，並且這種價值跟他身上的種種特色無關，也就是把平等原則應用到個體本身，而不是只應用到個體的苦樂感受上。為了找到這樣的觀點，里根借用康德的主體觀，發展他自己的康德式的動物倫理學。里根與康德的觀點有什麼差別，後面會再討論。在此，我先用里根所舉的一個例子，說明里根如何設想個體本身的價值。

假定有一個富有的獨居老人，年邁體衰，被各種病痛所折磨，活得毫無樂趣；她雖然家財萬貫，但是性格吝嗇刻薄、暴躁易怒，從來不幫助任何人。假定她的姪子出於一片善意，決定把她殺死，一方面終結她的痛苦，另一方面用她的財產做公益事業，幫助社會上的窮人、病人、失學的兒童，增加他們的福祉。我們能同意這樣的作法嗎？

你的答案跟我一樣，當然不能。我們認為，每個人都擁有其自身的價值，並且這種價值，跟他身上的各種特色並沒有關係；即使他這個人的特色和品格都是負面的，像這個例子裡的老人，雖然又老又病又苛刻，活得痛苦而且來日無多，你還是得尊重她——但是尊重她什麼呢？道德哲學和法理學常用到「人格」一詞，正是要回答這個問題。我們認為，無論任何人，在他身上的各種特色之外，都還擁有一個「人格」；進一步，我們還會說，所有人的人格都是平等的。不管一個人活得快樂還是痛苦，長得漂亮還是醜陋，品格高尚還是卑劣，是聖人還是殺人犯，是國王還是乞丐，我們都得承認他有人格，並且他的人格跟其他人的人格是平等的，需要受到同樣的尊重。換言之，一個人的人格，跟他身上的特色無關。這種從一個人身上的各種實質內容抽離出來的人格概念，最早是希臘的斯多亞學派所提出來的，到了十八世紀由德國哲學家康德發揚光大。

康德的哲學系統非常複雜、艱深，道德哲學也不例外，在這裡沒有辦法詳細地介紹。不過我想用一個簡單的方式，說明他的人格概念。

三、康德的人格概念

康德認為，人類跟動物以及其他事物的根本區別，在於人類擁有自由的意志。這裡所謂的自由，意思是說我的意志是根據我自己的理性所決定的，不受外力的控制指揮，甚至於不受我身上的欲望、性情、嗜好所影響。這類內在於我的因素，雖然在表面上看是「我的」，卻並不是出於我自己的理性選擇。最簡單的例子，就是一個人想要戒菸，卻總是不成功。沒有人強迫他抽菸；抽菸的欲望確實是「他自己的」，卻不是他自己的理性選擇；戒菸無法成功，說明了菸癮剝奪了他的自由。但是事實上人類具有完全自主的意志，完全可以超越自己的經驗自我，擺脫各種欲望、性向、嗜好的支配，這種**超越了「我」的自我**，康德稱為人格。

人格既然是自主的，當然就不能把他看成供別人使用的工具，不能由別人來決定怎麼用他，去達成別人的目的。所謂尊重一個人的人格，一個意思就是承認他自有其價值，這種價值內在於他本身，完全不涉及他對於別人有什麼價值。回到上面例子裡的老人，我們不能同意犧牲這位老人，去幫助其他人，原因正是在於，老人的生命自有其價值，不可以只從她對別人的工具價值、從別人是不是喜歡她，能怎麼利用她的角度看她。人格維持住了每個人**自身的價值**，承認這種價值，就是尊重他的人格。

當然，在社會生活中，每個人都在各種行業的位置上，扮演工具的角色。每個人都在發揮某些功能，讓別人利用，也就是幫助別人達成他們的目的。我們能夠發揮這些功能，是因為我們身上有這樣那樣的特色，例如體力、各種技能、知識，可以擔任工人、醫護人員、教師；我們有愛心跟耐心，可以照顧那些需要照料、陪伴的人；乃至於有生殖能力，可以生養子女繁衍後代等等。這些特色跟角色都是有工具價值的，不過在工具價值之外，這些角色本身也很有意義，當然可以有非工具性的價值。事實上，在一般情況中，我們即使在發揮工具的功能，也不至於因此變成純粹的工具。原因在於我們可以選擇要不要擔任某一項角色；我們可以因為自己認同該角色本身的價值，而投身其中。只要是出於自己的選擇，我擔任教師，卻不是教書的工具；我擔任廚師，也不是煮飯做菜的工具。但是一個人如果沒有選擇的餘地，不能發揮自主的意志，那就只剩下工具價值了。如果一個女性被強迫懷孕生孩子，沒有選擇的餘地，我們會說她變成了生育的工具。奴隸被迫為奴，沒有自由意志，連生命都沒有保障，純粹是主人的工具，他的人格也就被剝奪殆盡。

四、里根修正康德

里根大體上接受了康德的理論架構，但是也提出了批評，有所修正。比如康德認為人類自有內在價值，不能完全化約成工具，所根據的理由是人類擁有自由意志。里根指出康德的觀點有兩個問題。首先，許多人類並不具有自由意志：小嬰兒、智障者、精神病患者當然是明顯的例子。他們並不具有完整的思考、選擇能力，但是你要說這些個體沒有自己的價值嗎？

更重要的是，康德用一種高度理性主義的角度去理解自由意志，只有純粹遵從普遍性的道德規則的動機，才符合他所謂的自由意志；至於來自欲望、需求、情感等等屬於人性動機的決定，由於聽命於身體或者心理上本能因素的強迫，例如餓了想吃飯，看到蛇會心生恐懼，失戀的時候會傷心，菸癮發作的時候想要抽菸，便都不算自由；又或者為了特殊的目的或者利益而做選擇，也不能算是自由、自主的意志。這種對自由的理解過於嚴格、狹隘，跟人類做選擇以及決定的實際情況相去太遠。用康德的意志自由，去界定人格的內在價值，並不符合一般對於人類生命的內在價值的看法，甚至於剝奪了人性價值的許多表現方式。

站在康德提供的基礎上，里根希望進一步找到一種生命觀，能夠延續康德的觀點，說明個體擁有自己的內在價值，但這種內在價值所根據的，卻是一種比康德寬闊的生命觀，能夠涵蓋動物的生命。康德偏狹地認定動物只具有工具價值，里根卻要證明動物的生命跟人類一樣，也具有自身的價值。

在下面第九講，我們要來介紹里根怎麼把這套想法發展成一套動物的倫理學。

第九講

湯姆・里根2

尋找動物的主體

在這一講，我們繼續介紹湯姆・里根的動物倫理觀點；我想要說明，他的貢獻在於發展了一種相當獨特的想像動物主體的方式。

里根在批評過了辛格之後，開始建構他自己的動物倫理理論。前面我們一再強調，辛格借用效益主義的架構，開闢了動物倫理學這個領域，賦予動物倫理學兩件任務：第一，要設法說明動物跟人類一樣有利益可言，並且人類的道德思考必須關注動物的利益，不能把動物排除在道德考量的範圍之外；第二，要為動物的利益爭取到平等的地位，不能總是人類的利益優先，動物的利益排在後面。里根完全認同辛格這兩個要求。但是他認為辛格的理論有所不足：他認為，談動物的道德地位，不能停留在利益的層面上談，而是需要找出利益背後的主人，要把動物的道德地位建立在這個主體本身上面。里根在這一方面的努力，是他的獨特貢獻所在。

確實，就人類而言，我們不會只談一個人的利益，卻不關心這個人本身；利益的主人，地位當然比利益更優先。每個人都應該擁有一種自身的價值，跟他過得快樂還是痛苦，跟他在別人眼中有什麼優點缺點，跟他的身分、地位、能力、相貌，甚至於他的道德成就、社會貢獻，都沒有關係。這樣的一種「個人」，他的價值並不是來他自身上的屬性，卻又被認為具有最高的價值，需要受到高度的尊重。我們平常說的「人格高於一切」，就接近這個意思。個人的這種極其抽象的價值，在上一講介紹康德的時候，我們已經談到過，當時我們稱之為「內在價值」，但是里根認為，「內在價值」還是一種具體有形的價值，不足以表達這種主體的絕對抽離特性，所以他現在改用「固有價值」（inherent value）一詞，把「內在價值」（intrinsic value）保留在具體的經驗層面。坦白說，無論在中文還是在英文裡，這兩個字眼的區別都是有點模糊的，但我希望下面的解說能有一點幫助。

一、什麼是「固有價值」？

「固有價值」這個概念並不好掌握，不過里根提出了一套關於「價值」的分析，來說明什麼叫做固有價值，我認為是有意義的，值得大家了解一下。

「價值」泛指任何值得追求、推崇的事物。倫理學裡面的價值理論，通常把價值分成兩類：一個事物之所以有價值，可能是因為它本身即是一種價值，也可能是因為它乃是追求或者取得其他價值的工具。里根稱前者為「內在價值」（intrinsic value），後者為「工具價值」（instrumental value）。

讓我們舉一些例子。高超的體能表現、純潔善良的個性、大自然的壯麗景觀、偉大的藝術作品，以及我們推崇、仰慕的許多事物跟品質，都具有內在價值。這些事物本身就構成了價值，值得肯定、推崇，甚至於敬畏，跟它們能帶來什麼有價值的後果並沒有關係。例如，愛情的價值並不在於滋潤心靈的效果，也不在於促成了婚姻與家庭；萬里長城的價值不在於國防效用，也無涉於觀光收入；聲樂家盪氣迴腸的歌聲，其價值不在於為聽者帶來了快感，更不能用票房的收入去衡量。這個世界上，很多事物都可以帶來附帶的各種效益，但它們本身的價值並不依託在這些效益上。這種本身的價值，就是它們的內在價值。

相對於內在價值，工具價值則寄身在一件事物的工具效用上，從它所服務的目的、所產生的後果來取得價值。譬如汽車的價值在於代步；國家的價值在於保護人民；醫師的價值在於拯救病人的生命；化妝品的價值在於美化容貌。通常，一件事物可以同時具有內在價值跟工具價值：例如可以為了知識本身而追求知識，也可以因為知識所帶來的各種效益而肯定知識是有價值的。人世之間，只具有工具價值而完全沒有內在價值的事物不算多但是可能也不少，我留給各位自行舉例子。

但是里根別開生面，認為在工具價值跟內在價值之外，還有第三種價值，就是「固有價值」（inherent value），典型的例子就是康德所謂的人格的尊嚴。這個說法背後，有一套關於「人」的形上學圖像：一個人的經驗、能力、言行、特質、成就，無論個別而言或者總和而言，都不會等同於、窮盡了他這個「人格」；相反，他是以主體的身分擁有、表現，或者領會、達成這些經驗跟特質的。這也就是說，一個人永遠要比他的經驗、特質、能力、成就之總和要多出一點點，但是這個「一點點」是什麼，用內在價值或者工具價值的語言永遠無法捕捉。里根提出「固有價值」，就是要捕捉這個神祕的「一點點」。

里根費力氣去建構這麼抽象的一種價值，目的何在呢？首先一個原因，就是他希望掌握住我們的一項道德直覺：人格具有至高的尊嚴。就像我們在上面一講中提到的那位老人，雖然她對任何人都沒有實際的用處，身上也沒有任何值得尊敬、推崇的品德，但是她的人格包括她的生命權利，仍然應該獲得尊重，不能任意侵犯。這位老人的價值，用內在價值或者工具價值的語言都很難表達，只有固有價值這樣的抽象概念，能夠捕捉。

其次，更為關鍵的一個原因就是，里根認為，只有固有價值，才構成了平等的真正基礎：不同的人，隨著能力、修養、成就、貢獻等等差異，顯然會有不同的內在價值和工具價值。但是所有的人的固有價值都是一樣的：任何個體，只要具有固有價值，他的固有價值就跟其他個體的固有價值是一樣的。一個人的固有價值與生俱來，從嬰兒到老年不會改變；不會因為做了什麼好事而增加，也不會因為做了什麼壞事而減少；更不會因為他對別人有用還是沒有用的程度而有所增減。固有價值為什麼具有這種「絕對」（categorical）的性質呢？那是因為固有價值本來就無形無體，並沒有種類或者程度的區別：因此固有價值根本不可能有高下貴賤之別，也沒有大小多少之分。里根強調，人類平等的真正基礎，就是所有人的固有價值都是一樣的；我們一般所謂「人格平等」，無分聖賢才智平庸愚劣，不就是這個意思嗎？里根費了很大的力氣說明「固有價值」這個概念，用意在此。我相信，在今天這個普遍承認人格平等的時代裡，他的說法正可以幫助我們認清人格平等一詞的真義。

二、動物有固有價值嗎？

回到動物倫理，里根接著要回答的問題是：動物具有固有價值嗎？

在一般的想法中，只有人類才擁有固有價值，因為只有人類才擁有理性、自主性等等，才說得上人格。可是前面已經說過，嬰兒、智障者、精神疾病的患者，雖然在這些方面有所殘缺，但是我們不會否認他們也有人格，或者貶低他們人格的價值。用康德的話說，我們仍然要把他們看成「目的自身」，不能把他們當成工具或者資源去使用。里根因此提出了一個想法：在這些智能不足的人類跟一般常態的人類之間，顯然有一個共同點，迫使我們不能把他們看成工具或者資源；這個共同之處就是：他們都是「一場生活的主體」（the-subject-of-a-life）。什麼叫做一場生活的主體？這又是里根獨創的一個概念。他的解釋有點拉拉雜雜，我的翻譯也有點彆扭，但是簡單說，一個個體，只要多多少少有意識地活著，在他身上發生的事情會讓他的生活過得比較好或者比較壞，他多多少少會在意，他就是自己這一場生活的主體。

很明顯地，里根這個「一場生活的主體」的概念並不嚴謹，嚴格說來問題還不少，應用的時候也常有模稜兩可的地帶。例如植物人是否還算生活的主體，我不敢確定。但即使如此，他認為這個概念有其重要的意義，並不需要太追究細節。他常用的一個說法是：一歲以上的哺乳類動物都是自己生活的主體（不過他並沒有說未滿一歲就不是生活的主體，或者非哺乳類就不是生活的主體）。因此，絕大多數的人類，包括嬰兒、智障者、精神病患者，以及人類使用到的許多動物，包括食用動物、實驗動物，都不僅僅是生命，更都是他們自己生活的主體。他們不但能感知自己的生活過得好不好，並且會在乎這些感受。在另一方面，花草樹木、馬鈴薯、單細胞生物，以及癌組織雖然也是生命，卻並沒有「生活」可言，更說不上是「生活的主體」。換言之，「生活的主體」這個概念，涵蓋了非常廣泛的範圍，它雖然漏洞不少，但是它所包容進來的對象，跟它所排除的對象，之間確實有著真實的差異，所以這個概念並不是無的放矢。

三、固有價值永遠是平等的

里根提出生活主體這個概念，是為了判斷誰擁有固有價值。他的答案是，任何個體，只要是自己生活的主體，就擁有固有價值。毫無疑問，人類當然都是擁有固有價值的。但是里根進一步主張，即使是動物，只要是生活的主體，能感知自己生活的片段狀況，就擁有固有價值，並且他們的固有價值跟人類完全一樣。這個道理其實是很明顯的：動物跟人類當然有非常多的差異，但是這些差異都可以歸類到內在價值或者工具價值；我們甚至於可以向獨尊理性的人讓步，單憑擁有理性這一點，就可以證明人類的內在價值和工具價值都要比動物來得高。但是這一點，完全影響不到動物的固有價值。不要忘記，固有價值跟內在價值、工具價值是完全不同範疇的價值，並且不可能換算或者化約成內在價值或者工具價值。簡單說，一個個體的固有價值，跟他屬於什麼物種毫無關係。所以，無論是人類還是動物，只要符合了生活主體這個標準，就擁有固有價值，並且他們的固有價值是無差別的、平等的。

經過這樣一番概念上的澄清，里根的動物倫理學可以說水到渠成。我們都承認人類個體的人格應該獲得尊重。按照里根在上面所發展出來的詮釋，所謂尊重人格，意思就是尊重一個人的固有價值。那麼怎麼樣叫做尊重固有價值呢？簡單地說，就是不能用他的內在價值或者工具價值作藉口，去傷害到他的固有價值。回到上面提到的老人，她又老、又病，個性冷酷、刻薄，身上的內在價值實在乏善可陳；但是她家財萬貫，可以拿來幫助許多有迫切需要的人，也就是說她的工具價值很高。但即使如此，她仍然擁有跟有其他人一樣的固有價值，為了尊重她的固有價值，我們不可以傷害她。里根的動物倫理學，不過就是把這個尊重固有價值的原則，擴展到了動物而已。

因此他主張，人類不能因為動物沒有理性、沒有道德意識，或者其他內在價值的短缺而傷害動物，更不能用人類的需求作為理由，把動物當成食物，當成科學研究的材料、當成觀賞的對象、當成玩耍解悶的玩具。里根反對吃肉，反對用動物做實驗，反對狩獵，當然也主張廢除動物園、馬戲團。在這些方面，他稱自己的立場是「絕對禁止論」，絕對反對使用動物。但是他也承認，動物的生命內容畢竟沒有人類豐富。在某些情況之中，如果必須犧牲動物的生命才能保住人類的生命，還是可以犧牲動物的。這個問題比較複雜，在此先擱置。但是在另外兩個方面，里根的觀點特別容易引起爭議，值得稍做介紹。

四、爭議與貢獻

里根自己承認，由於他所謂的固有價值是個體所擁有的，因此他的理論是一種個體主義，也就是說，他的動物倫理所關注的是個別的動物，而不是動物所屬的物種。我們後面會談到，動物倫理學的主流一向偏向個體主義，辛格是一個例子，下面要談到的納斯鮑姆也是個例子。但是里根把這個問題挑明來談，便必須面對一些棘手的問題。例如一般的動物保護意識，會特別重視瀕臨絕種的動物，以及珍貴稀有的動物，擔心這些動物會滅絕，這時候的著眼點，顯然偏向物種的保存。里根相反，他不認為這兩類動物比一般的動物更值得重視。他當然主張保護這兩類動物，也支持相關的政策，但那不是因為他們瀕臨絕種，或者十分珍稀，而只是因為他們是動物，擁有跟其他動物一樣的固有價值，都應該受到保護。

從這個角度看，他也指出所謂「野生動物管理」，應該是管理人類，防止人類傷害野生動物，特別是防止人類侵奪、破壞野生動物的棲息地，而不是去管理野生動物本身。里根深知野生動物之間弱肉強食，所謂「大自然的牙齒跟爪子是血紅色的」，在原野的生存非常艱難困苦，但他仍然主張對野生動物採取不介入的放任態度。他的理由不難想像：既然各種動物的固有價值是平等的，人類根本無法在他們發生衝突、弱肉強食的時候，判斷應該採取什麼樣的管理政策。

基於他的個體主義，里根跟環保主義也有理論上的距離。環境保護的論述相當多樣，有一些完全以人類的利益為本，為了人類的存活而保護生態環境。這種主張基本上是人類中心，跟動物倫理的距離太大，在此不論。但是也有許多環保論述採取的觀點是生態主義，也就是把環境看成有機的生態系統，在其中氣候、土地、山川河流、植物、動物以及人類相互依賴，形成完整、均衡、可持續的體系。保護生態，就是要維護整個體系的完整，其中的個別單位並不具有優先的地位。因此，如果有必要，是可以犧牲大量的個別的動物的。里根顯然不會認同這個觀點。

動物倫理乃至於動物保護運動，是不是一定要跟環保理論衝突，到了下面介紹納斯鮑姆的時候會再討論。現在我想回到里根的動物倫理，提出一點自己的看法。

里根的觀點稱為「絕對禁止論」，要求人類放棄現有一切使用動物的方式。很明顯地，這在現實之中幾乎完全不可行。因此，如果用「可行」去評價一種道德理論，里根的理論並沒有太大的意義。不過在兩個方面，我認為里根的貢獻很大，他的理論並不是白費功夫。

首先，里根提出「固有價值」這個概念，認為許多個體生命自有他本身的價值，需要受到尊重，跟他身上的內在價值或者工具價值都沒有關係。我們說過，這個觀點符合「人格不可侵犯」這個基本的道德直覺。不過我們平常真的對所有人的基本人格都平等看待嗎？我們難道不會根據一個人的財富、地位、品格、成就、貢獻去評價人嗎？即使用到人類的身上，里根的想法都堪稱一種徹底而激進的人格平等論，逼使我們更認真地看待人格平等這個理想，思考如何設法落實。如今里根把這個概念擴展到動物身上，雖然驚世駭俗，但我十分珍視所有人類的「人格平等」這個理想，所以我不會輕易就排斥這個理想對動物也適用的可能性。其實，在某些人跟某些動物的互動之中，例如愛貓愛狗的人跟他們貓狗的關係，幾乎賦予了這些小動物完整的人格，彼此平等互動。在這裡，我似乎觀察到了這個理想的某種雛形。

其次，里根提出「一場生活的主體」這個概念，我認為豐富了動物倫理的視野。辛格所發展的動物倫理學，把焦點放在動物所承受的苦難上，人類對待動物的是非對錯，要看給動物製造的痛苦是多還是少。這是很重要的出發點。可是動物的生命當然不只是痛苦跟快樂；辛格用「利益」一詞，似乎也希望涵蓋痛苦和快樂等經驗之外的其他的生命內容。但是「利益」所能涵蓋的範圍仍然有限，並不能關照到動物生命的多個面向，特別是各種生命活動本身，例如成長、繁殖後代、遊戲、社交等等。換言之，我們需要找到更為豐富的概念，盡量根據動物的完整生活去設想動物的生命。這時候，把動物設想成生活的主體，而不只是由感受所組成，然後進一步設想生活的具體內容，動物的生命就更為真實、豐富了。

這一步怎麼走，另一位哲學家納斯鮑姆從另一個哲學傳統提供了很好的示範，我們將在下一講探討。

第十講

納斯鮑姆1

「能盡其性」的動物倫理

到目前為止，我們介紹過了彼得・辛格以及湯姆・里根這兩位哲學家所發展出來的動物倫理觀點，接下來，我要介紹另外一位哲學家瑪莎・納斯鮑姆關於動物的思考。但是在進入納斯鮑姆的理論之前，我想暫停一下，先說明為什麼我要特別挑選這三個人作為動物倫理的代表來接續著討論。一部分的原因當然是，他們三位在這個領域裡的影響力比較大，只要談到動物倫理學，通常都會去介紹或者批評他們三家，所以我們需要對他們的理論有一些認識。另一個重要的原因是，他們三位的理論架構分別來自效益主義、康德主義，以及亞里斯多德，這是西方倫理學的三大源流，介紹這三種源流所產生的動物倫理觀，讓讀者（特別是非哲學專業的讀者）鳥瞰整個領域的地勢，當然有其意義。但是除此之外，我還有深一層的理由，這牽涉到了我自己很關心的一個哲學性質的問題，那就是：我們應該用什麼樣的概念去設想動物的生命？動物倫理的出發點，就是動物具有獨立的道德地位，他們的生命具有道德意義，人類如何對待他們是有道德上的是非對錯可言的。因此，動物倫理的各種理論，實際上也都是關於動物生命的不同想像，藉此指出動物生命具有某一項關鍵特質，而因為這一項特質具有明確的道德意義，所以人類必須用合乎道德要求的方式去對待動物。

辛格、里根、納斯鮑姆三位的理論，可以看成是這個問題的三種答案。有意思的是，這三個答案形成了三個接續推進的階段，經過這三個階段，我們想像動物生命的方式變得更為有血有肉，更為真實，從而動物倫理對我們的要求也會更為複雜、更為具體。

一、想像動物的三個階段

讓我們回憶一下，在辛格的理論中，動物身上讓我們關心的是什麼？是動物能夠感知到痛苦。動物感知痛苦的能力，賦予了他們道德的地位。因此，人類負有道德的義務，不要給動物製造痛苦。這種設想動物的方式當然沒有錯，可是它顯然有所不足。不足在哪裡？里根給了簡潔的答案：我們不可以只關心動物的感受，卻忽略了動物本身。動物的痛苦之所以需要我們重視，豈不正是因為背後有個生命在承受這些痛苦嗎？辛格當然不會否認這一點，可是在他的理論之中，一個生命的價值，完全取決於這個生命所感知的快樂與痛苦之間的比例。從這個角度去思考，可能會犧牲一些動物：比方說，由於動物對痛苦的感受並沒有人類面臨重病時的痛苦嚴重，所以可以拿少數動物作為實驗的材料，為人類開發疫苗或者藥物。換言之，這些動物的生命本身並不具有價值，並不需要列入考慮。

里根不只在這一點上批評辛格，也設法在理論上彌補辛格的疏漏。因此他提出了「一場生活的主體」這個概念。他的一個說法是：多數一歲以上的哺乳類動物都具有一定程度的意識活動，包括欲望、信念，知覺、記憶，他們會有恐懼、喜悅、憤怒等情緒，他們能夠採取行動追求想要獲得的目標；換言之，這些動物並不只是一堆感覺的組合，而是在經歷、體會這些感覺，可以說是這些感覺的主人，對這些感覺有所回應；這些感覺對這些動物是有意義的。里根為了要劃出感覺跟感覺的主人之間的區別，不能讓主人變成只是一堆感覺，所以他設定了「生活主體」這個概念，從而一個生命的價值並不局限在他所經驗到的快樂以及痛苦，而是在這個感受者本身；身為自己生活的主體，在里根看來才是動物身上要求我們公平對待的特色。

納斯鮑姆並沒有直接去批評里根這個「生活主體」的概念，但是我認為，里根關於動物生命的圖像還是有所不足。他所描繪的動物的生命，分成生活的主體跟生活的內容兩個部分，但是他所謂生活的主體，用他自己的話來說，彷彿是設置在具體生活的後面（或者上面）的一個「設定」，是推論出來的，至於這個主體跟生活的眾多面向以及具體內容，究竟有什麼樣的有機的互動和整合，他並沒有說明。這可以分成兩個方面看。從邏輯上說，里根認為個體生命需要有一個主體在生活，並且這個主體有其自身的固有價值，不能化約到他所謂的內在價值或者工具價值，以免跟內在價值或者工具價值一樣，可以比較出價值的高低，結果一切生命都平等的理想就無處著落了。但是堅持這種平等，代價就是他所謂的主體完全抽象空洞，不能有任何具體的內容。顯然，里根想要把康德的「人格」概念延伸到動物身上，但是當初康德就是只能把人格當成「設定」，結果里根也重蹈覆轍。

另一方面，里根提出的生命主體存在的證據，他所謂一個生命擁有主體性的判準，無論是感覺、信念、意志、記憶，還是做選擇，都偏向心靈或者心智的範疇。但是如果只從這個角度去想像生命主體的活動，那麼動物作為生物跟肉體的這一面，顯然就被遺忘了。

我認為，納斯鮑姆在這個問題上推進了一步。她所設想的動物生命，比里根來得完整、系統，更有真實感，因此這種生命圖像所涵蘊的規範要求，也更為踏實，這是納斯鮑姆對動物倫理學的貢獻所在。

二、納斯鮑姆與能力論

納斯鮑姆是一位美國哲學家，她的著作有二十幾本書和無數論文，涵蓋的領域包括了古典哲學、政治哲學、法律哲學、文學，以及從各種情緒入手探討道德心理和政治價值的關係，比一般哲學家來得寬廣。她也經常介入各方面的公共討論，在學院之外擁有高知名度。她的學術本業是古典哲學，特別著力於追問以生命的脆弱和無常，如何可能追求「美好人生」。後來她用亞里斯多德關於美好人生的「致善論」，補充諾貝爾經濟學獎得主阿馬蒂亞・森對羅爾斯的批評，進一步跟阿馬蒂亞・森一起，發展出了一套他們稱為「能力論」的政治哲學，對當代政治理論中的正義理論、經濟學裡的發展理論都頗有影響力。納斯鮑姆接著又把這套理論移植到動物倫理學的領域，為動物倫理開拓了一個新的方向。

能力論是什麼?根據納斯鮑姆自己的形容，當你用心地注意一個生命，你的心裡會生出驚嘆，感到一種敬畏，聯想到生命是有其尊嚴與價值的，因此希望眼前的這個生命能夠活得好，不忍心看到他遭到戕害、折磨，甚至於橫遭死亡的打斷。這種大家可能都經驗過的道德震撼，這種面對生命時的特殊感受，給她提供了靈感，啟發了能力論。我們可以從這裡著手，切入這個理論。

能力論是一套想像生命歷程、評估生活品質的哲學理論。它借用亞里斯多德的觀點，認為生命並不是靜態的事實，而是一種動態的成長過程，在過程中逐漸實現它潛在的本質，展現它的本性；一個生命若是能夠充分發揮其本性，就構成了所謂的「美好生命」。這個想法，一般稱為亞里斯多德的「至善論」，在此我借用江宜樺和陳祖為兩位教授的譯法，譯作「致善論」，據陳祖為教授的說明，取其「趨向」、「走向」，並沒有「至善」或者完美無瑕的意思。在中國的傳統觀念中，《中庸》所說的「能盡其性」，可能也是想要表達這個意思。

但是請注意，這裡所謂的「展現本性」，並不是中性的生物學或者生理學概念，而是一種帶有價值含意的目的論形上學。生命向著目的進展；它的目的，就是實現它的本性，把他的天賦的可能性活出來，因此實現的成敗程度，決定了這個生命本身的成功還是失敗、活得好還是活得不好。兩顆橡樹的種子，落地發芽、生根成長，最後長成兩棵橡樹，固然都算是實現了種子的本性，也就是把它們天賦的潛能化為現實。但是假如因為兩顆橡實所落的土地土質不同，環境的好壞不同，結果一棵橡樹長得高大茂密，另外一棵卻營養不良，又經常受到病蟲害侵襲，所以生長的情況很差。這時候，我們會說前一棵橡樹活得好，不只是植物學生理意義上的好，也是價值意義上的好，因為它把橡樹的潛能發揮得更豐滿、更成功。能力論從這種角度，對生命的品質做價值判斷，所謂活得好還是壞，意思是說前一棵橡樹所實現的本性更飽滿，更活出了橡樹應該有的樣子，達到了它的生命的最好或者說「至善」的狀態，這便是它的生命的價值所在，所以我們可以欣賞這棵樹，為它感到高興。至於後一棵橡樹，由於缺乏營養，受到病蟲害騷擾等等因素的干擾，結果無法充分實現它的本性，所以我們說它活得不夠好，為它感到惋惜、遺憾。

這個例子有點簡化，但是它說明了能力論的基本觀點。能力論認為，每個物種，都有它一些特別有價值的狀態跟活動，這就是這個物種的個體最值得重視、呵護、支持的成分，這些狀態能不能好好維繫，這些活動能不能順利進行，決定了這個個體活得夠不夠好。拿人類來說，一個人的生活需要具備哪些起碼的內容，才算是活得好，活得像個人的樣子，稱得上值得活呢？大家都會同意，一個人必須在肉體、精神、心智、情緒各方面維持健康的狀態，需要自由的活動，需要思考和發揮想像力，需要去分辨真假、是非、善惡，需要交朋友，需要勞動和工作，也需要休閒以及娛樂，還需要參與社會的公共生活。所謂「理想的人生」或者「像樣的人生」，至少要包含這些項目。這些狀態與活動如果沒有達到一定的水準，或者根本被剝奪了機會，一個人的生命就出現了缺憾；拿掉任何一項，他的生活就平白少掉一塊有價值的成分。這時候，他作為人的天性沒有獲得充分的表現，他沒有過上作為人應該過的像樣的生活。這樣的生活，對當事人來說是一種剝奪、一種損失，就像上面說的發育不良的橡樹，他自己和別人都會為他感到惋惜、遺憾。

這樣一種對於人類生命的想像，構成了能力論的出發點；它列出了人類的生命中一些意義重大的狀態與活動，由於實現了這些狀態與活動，一個人的生活才稱得上是人的生活，好的生活，納斯鮑姆稱之為「美好生活」。「美好生活」一詞來自亞里斯多德，英文哲學界普遍用the good life一詞，納斯鮑姆也不例外；中文哲學界在翻譯的時候，通用「美好生活」這個詞。但是「美好」似乎陳義過高；我覺得用「像樣的生活」來形容，或許更能表達納斯鮑姆的意思。無論如何，能力論設定了這樣一種關於生命的理想，並且賦予它規範的效力。

但是要活出這樣的生活，顯然需要具體的條件跟資源。能力論作為一套政治哲學，不能只標舉出理想的人生應該具備什麼內容，而是必須追問，如何在現實制度上，落實這些內容。因此，一個人是不是活得好，要看他有沒有資源去維持身體跟精神的健康，有沒有能力去從事思考、行動，去判斷是非真假，去培養跟表達情感，以及有沒有機會去從事社交，去參與勞動還有社會的公共生活。顯然，如果沒有安定、安全的生存環境，飲食以及營養都嚴重匱乏，得不到基本的醫療與教育，思想和言行受到管制，在社會上又遭受著制度性的歧視，那麼所謂實現身為人的本性，活出人類應該享有的生活，那是不可能的。但關鍵所在，不僅是被動地「被給予」或者「擁有」這些資源、能力跟機會，還要主動地「使用」這些工具去生活。「生活」是動詞；能力論所謂的「能力」一詞，正是指當事人如何主動地利用、使用各種必需的資源、條件跟機會，從事生命的各項重要活動。納斯鮑姆列出了詳細的能力清單，相當具體地描繪一個社會應該提供的環境、資源以及條件。這份清單，構成了能力論的正義理論。

三、能力論與動物

但是納斯鮑姆不但針對人類開出了能力清單，她還把能力論延伸到其他動物。這種延伸，其實理所當然：如果人類的生活必須包含某些重要而有價值的活動，才稱得上好生活，同樣的道理為什麼對動物就不適用？動物當然也有生活；多數動物的生活，顯然也有好壞之分，顯然也需要包含一些對動物來說重要而有價值的項目，才能算是活得好。事實上，「美好生活／像樣的生活」或者「活得好」這個概念，並不是人類的專利，而是適用於多數物種。當然，人類的美好生活所要求的內容，跟貓或者豬的美好生活所需要具備的內容不會一樣；但這不表示貓或者豬的生活就沒有好壞可言，而是說明了美好生活的具體內容，會隨著物種不同而有變化。換言之，美好生活是一個從屬於物種的概念，英文說species-specific，因此人類有屬於人類的好生活，動物也有屬於他們各自物種的好生活。在上面，我們簡單地舉出了一些人類的好生活的必要內容。那麼我們能不能也舉出，動物的好生活所需要的項目呢？

由於「動物」是一個廣大無比的範疇，所涵蓋的物種太多，把「動物」當成一個單位去設想好生活，幾乎是不可能的。飛禽、走獸、水族動物，在生活方式上相差太大了，群居動物跟獨行動物、胎生動物跟卵生動物，又是完全不同的生命型態。但話說回來，人類也有很多種，有年齡、性別、族群、文化等等各個方面的不同，但我們在上面所舉出來的各種能力，由於非常基本，是人性的共同需求，因此還是能適用於絕大多數的人類。同樣的道理，也許我們可以縮小範圍，只針對跟人類關係深、互動多，容易受到人類傷害的動物，在最基本的層面上來思考動物的「好生活」。畢竟，多數動物之間還是有一些共通的需求，可以找到一些他們在生活中都需要具備的生命能力，從而幫助我們設想如何對待動物，避免妨礙了他們按照天性生活的機會。

納斯鮑姆所列出的動物能力清單，跟人類的清單大致類似。動物跟人類一樣，所謂的生活，都包含繼續活命，維持身體的健康，使用天賦的心智能力，保持情緒的安定跟愉快，跟同類互動，能接觸到大自然，能夠遊戲，棲地環境不被侵占破壞等等。為了在生活中進行這些必備的活動，隨著物種的差異，動物所需要的資源、能力與機會，也是很多樣的。在此我們不去介紹納斯鮑姆所列出來的具體細節。但是即使不談動物需要什麼樣的生活條件跟生存環境，我們也完全清楚動物不需要什麼，而這些負面的作法，卻正是人類對待動物的實際情況：從屠宰場到動物園、水族館，從養雞場、養豬場、畜牧場到大學裡某些科系的動物實驗室，從山林河谷的開發到海洋的塑膠化，從環境的污染到地球的暖化，人類所有涉及動物的設施跟作法，都是在阻止動物按照天性生活。人類對待動物的方式，幾乎完全違背了動物的天性所賦予他們的需求。不錯，人類念茲在茲的是追求自己的「美好生活」，但是為什麼「美好生活」這個概念，或者更為樸實的「活得像樣」這個概念，到了動物身上就注定要被剝奪呢？

在這一講開始的時候我說過，之所以特別挑選出辛格、里根與納斯鮑姆三家的理論，原因之一是我自己心裡關注的一個問題：應該用什麼樣的概念去想像動物，最能掌握到動物生命的道德意義？從辛格的「感知痛苦」出發，經過里根的「生活的主體」，到納斯鮑姆的「活出天性所賦予的生命樣態」，可以看到所謂的「動物的生命」，逐步變得更為豐富，動物的個體生活取得了更為鮮明、具體的道德意義。在下一講，我們會討論納斯鮑姆的理論所衍生的幾個難題，順便澄清動物倫理對這些難題的看法。但是無論如何，納斯鮑姆用「能盡其性」的思路設想人類與動物的生命，我認為值得重視。

第十一講

納斯鮑姆2

能力論衍生的幾個問題

在上面第十講，我們介紹了納斯鮑姆的能力論。能力論從動物的自然天性出發，指出動物的美好生活在於「能盡其性」，也指出了多數物種的「盡其性」包含了什麼起碼的內容，以及這樣的生活又需要什麼條件來配合。從這裡，能力論推導出了人類對待動物的方式所應該遵循的原則。這些原則不難想像，包括了不要傷害動物的生命，不要虐待動物，不要剝奪動物各種出於天性的需求，不要破壞動物的棲息地等等。但是納斯鮑姆本人也看出，從這種角度思考動物的權益，牽涉到了一些棘手的問題，一般的動物倫理學比較忽視。她的觀點正好給我們一個機會，在這一講裡探討這幾個延伸出去的問題。

一、個體與物種

首先一個問題，就是動物倫理學所關心的對象究竟是個體還是物種？我們已經說過，前面介紹的辛格以及里根，都把個體動物當成道德關注的焦點。辛格認為有沒有道德地位的起碼標準，就是感知痛苦的能力，只要具備這種能力，個別的動物就成為道德關注的對象。至於他屬於什麼物種，從這個標準來看並沒有什麼意義。不錯，不同物種的動物，感知痛苦的方式與程度都不一樣。所以如何對待他們，也需要有所區分。不過這並不妨礙他們都進入了道德領域。我們必須根據一個動物感知痛苦的程度，決定如何對待他，但是這是一個技術層面的問題，至於他屬於什麼物種，在道德上並不具有直接的意義。

在討論里根的時候，我們也指出里根比辛格走得更遠。他用「生活的主體」界定道德地位，而因為「生活的主體」本身並不具有任何特色，所以也就跟這隻動物是屬於什麼物種沒有關係。里根將動物的道德地位建立在「生活主體」上，目的是為了保證所有生命的平等，結果物種就從他的道德地圖上完全消失。也因此，日後他跟生態環保主義一直在進行爭論。

對這個問題，納斯鮑姆的觀點比較曖昧。我們說過，一般而言環境倫理跟生態倫理都傾向於整體主義，以整個生態系統為著眼點，這裡面包括了各個物種之間的相互依存關係。由於物種對於維繫生態系統的平衡跟完整關係重大，所以物種有其價值，需要保存。至於個體動物的福祉跟生存，在環境倫理和生態倫理看來是次要的。在有必要的時候，例如某個族群的數量過多，破壞了生態系統的平衡，就可以進行屠殺減量。但是從辛格、里根這類動物倫理學的主流來看，物種只是許多個體的集合，是一個抽象的概念，本身既然不會感覺痛苦，也沒有具體的利益可言，物種的存亡也就說不上道德意義。換言之，動物倫理學從開始就採取個體主義的進路，也因此一直與環境倫理、生態主義發生衝突。面對這個問題，我們無妨問問自己，你認為物種重要嗎？需要像保護個體一樣加以保護嗎？

納斯鮑姆繼承了動物倫理學的個體主義傳統，將個體的遭遇看成道德關注的焦點。畢竟，「活得好不好」、生命的品質如何，只有對個體才有意義。個體會受到傷害，至於物種即使有所謂的傷害，例如瀕臨滅絕，那也是經由個體的無法生存而造成的。說到最後，納斯鮑姆的看法是：一個物種是昌盛還是瀕臨滅絕，從希望自然界多采多姿的美感角度，或者科學求知的角度，甚至於不忍心看到某種動物滅絕的倫理角度，都可以有意義。但是物種本身並不是生命，也就無所謂本性的實現遭受挫折，因此並不會構成道德的問題。

這個想法是不是有點極端？納斯鮑姆本人也有點猶豫。她表明自己關於物種延續問題的說法還在試探階段，並不奢望讓生態主義跟環保主義者滿意。

話說回來，物種在納斯鮑姆的理論裡面所占的地位，畢竟要比辛格以及里根所承認的高出很多。前面說過，所謂「像樣的生活」或者「過得好」，都是從屬於物種的概念，會因為個體所屬物種的不同，而有不一樣的內容。因此納斯鮑姆主張，不同物種的個體，本來就需要不同的待遇。其實這是各種動物倫理學都會承認的事實：畢竟，殺死一隻黑猩猩，跟打死一隻蚊子，不可能是同樣的事情，可是不同在哪裡？物種的不同，代表這兩種生命的價值不同嗎？

納斯鮑姆強調，從道德的角度來看，物種的不同並不代表在價值上有高低之分。道德之所以要把物種的不同列入考慮，只是因為不同的物種可能受到的傷害並不一樣。如果我們把「傷害」狹義地理解為身體的痛苦，那麼由於不同的物種的感知能力和意識程度並不一樣，所感覺到的痛苦也就不會一樣。有一些動物對於死亡有明確的意識，殺死他們的時候他們會感到強烈的恐懼，大大地增加他們臨死之前的痛苦。可是對於沒有這種意識的動物，無痛的人道屠宰或許可以把痛苦降到最低。但是另一方面，如果是從能力論的角度界定傷害，那麼由於衡量傷害的標準不只是痛苦與否，還包括了生命的許多其他活動跟內容，那麼物種的不同，代表會被傷害的項目也不一樣。一個人類所能受到的傷害，要比一隻狗、一隻兔子都來得更為嚴重、複雜。但是反過來說，一個智障者，認知能力可能跟一隻黑猩猩一樣，可是憑藉這種智力，黑猩猩可以活出黑猩猩應該有的美好生活，智障者卻無法活出人類應該有的像樣的生活。這些情況顯示，各個物種的美好生活的標準不一樣，雖然可以供我們判斷應該如何對待不同的生命個體，卻並不表示各個物種的價值有任何差別。

二、反對崇拜自然

納斯鮑姆的能力論引起的第二個問題，就是如何看待「自然本性」，並且由此擴展到如何看待整個「自然界」。在英文裡，nature 一詞泛指大自然或者自然世界，也指各種事物包括生物的天生本性，簡單說就是事物的原本性質或者本有的特色。能力論繼承了亞里斯多德的目的論，用「本性的充分發展」，界定生命所追求的目的，生命的過程也就是發揚個體的天賦本性的過程。一個個體，如果完整地發展了他的本性或者說「能盡其性」，他的生命就進入了完美的狀態。納斯鮑姆根據這個觀點，提出了能力論的動物倫理學，為動物爭取基本的資源跟機會，以便進行生命的各種運作，實現他們的潛在天性。換言之，「天生本性」這個概念，在納斯鮑姆的動物倫理學裡面是核心概念，並且具有規範的意義：「天生本性」規定了生命的應然狀態。

但是這只是納斯鮑姆的想法的一面。在另一面，她警覺到，這類希望發揚生命天性的理論，往往有將天性以及大自然美化甚至於浪漫化的危險。她引用了十九世紀英國哲學家約翰・斯圖華特・密爾的一篇文章〈自然〉，說明大自然不僅並不具有道德上的規範地位，可以指點應然的問題；事實上，如密爾所說的，「自然界天天在做的事情，如果是人來做的，就該處死刑或者坐牢了。」他指的是自然界的各種天災所造成的傷亡。至於生命的本性本能，密爾指出其中包括了破壞、支配，以及殘酷等等傾向；他說：「人性中每一種體面的德性，都不是來自本能，而是來自克制本能。」至於動物，他們的本能包括了需要經常殺害跟獵食其他動物。密爾這篇文章的結論是：主張人類「師法自然」，以自然界的運作為典範，既不符合理性，也不符合道德。這個說法不合理性，是因為人類的行為本來就是要改變自然事態，所謂有用的人類行為，必定是設法把自然的事態改變成好一點，也就是離開原狀；至於這個說法不道德，則是因為自然界的各種現象，無論是天然災害，還是動物之間相互獵食，如果是人類來做，都只會令人髮指。任何人想仿效自然界，都會被認為是最邪惡的人。

必須指出，密爾屬於十九世紀的進步主義，認定了文明要比蒙昧野蠻的大自然進步。他在一八五〇年代寫作這篇文章的時候，達爾文的演化論著作還沒有問世，所以密爾的某些觀點是非常有問題的。自然世界固然無情而且殘酷，但是整個大自然滋養著無數生命，這些生命的本性，也並不像他所想像的那樣子完全血腥殘暴。不過話說回來，充分發展自然本性，是不是真的構成了道德意義下的善，密爾的質疑當然是有其道理的。納斯鮑姆接受了密爾的警告，並不否認自然本性有其發展的價值，但是她認為這些天生本性不能照單全收，還是需要先進行道德的評價。所謂尊重自然，意思並不是全盤接受自然天性的原貌。相反，針對一個物種來說，要判斷什麼樣的生活才算是好生活，固然需要參考這個物種的天性，但也需要對其天性有所反思跟檢討。例如就人類而言，美好的人生應該並不包括侵犯、傷害他人這種本能。人類的情況相對比較單純，可以根據人類的標準來要求，不會構成嚴重的理論問題。但是許多種類的動物，為了生存一定要獵食其他動物，那麼要如何讓獅子、老鷹或者狼群活出他們的本性，活得像有尊嚴的獅子、野狼跟老鷹，而又不希望他們殘酷地獵食其他動物呢？這顯然根本不可能。在這個問題上，納斯鮑姆也承認她的理論並沒有妥當的答案。

即使如此，要求人類控制自己對動物的傷害與掠奪，「讓動物活出他的天性」，不失為一種在理論上說得通，實踐上也有意義的動物倫理原則。至於野生動物的行為，的確不屬於人類道德所能涵蓋、過問的範圍。這個問題，後面還會談到。

三、人類與動物的利益衝突

納斯鮑姆談到的第三個問題，涉及了人類利益跟動物利益的衝突。人類為了自己的利益，在許多方面大量使用動物，帶給動物的痛苦、傷害，以及犧牲都極為慘重。如果我們要維護動物的利益，最乾脆的方法應該就是不再使用動物，要求人類放棄、犧牲許多利益。但是人類從動物身上攫取的利益相當多樣，我們應該放棄這些已經享用幾千、幾百年的利益，造成人類的巨大損失嗎？

納斯鮑姆的答案相當保守，幾乎回到了素樸的動物福利主義。她認為，像是穿戴動物毛皮，或是一般的虐待動物行為，完全可以嚴格禁止，對人類並不會造成困難。動物保護主義一般都會反對吃肉，要求大家採用素食的飲食。納斯鮑姆認為這個問題比較棘手。如果人類完全從素食獲得蛋白質，對地球的環境會造成什麼影響，還沒有足夠的研究。兒童是不是能從素食獲得足夠的營養維持健康，她也認為還不清楚。但是這兩個繼續吃肉的理由，就我所知是很難成立的，但納斯鮑姆也語焉不詳，在此我們不去深究。

關於動物實驗，納斯鮑姆的態度也是有彈性的。她要求完全禁止那些沒有必要的實驗，例如用兔子測試化妝品的毒性。但是有一些研究十分重要，所做的實驗對於人類以及動物的生命、健康可能有重大的影響。這類實驗雖然會造成一些動物的生病、痛苦、死亡，納斯鮑姆認為仍然是有必要的，可以保留。一般而言，她主張管制跟改善，這包括第一，追問這個實驗是不是真的關係到人類的重要生活能力；第二，可能的時候，設法用感知能力比較簡單的動物作為實驗對象，降低所造成的痛苦的量；第三，改善實驗動物的生活狀況，例如被迫去感染致死疾病的動物，要能獲得減輕痛苦的藥物，並且有機會跟人類以及其他動物互動；第四、做動物實驗的時候，難免出現的心理上的虐待，例如恐懼，必須設法減少，還有實驗室工作人員對動物的不尊重，比如拿實驗動物開玩笑，必須禁止；第五、謹慎挑選實驗的主題，不要因為無聊的研究課題傷害動物；第六、積極開發不會虐待、傷害動物的實驗方法，例如電腦模擬。這些想法，大多屬於老生常談，一般的動物保護運動已經倡議多年了，雖然落實的程度還很難說。

不過納斯鮑姆也提出了一個比較有新意的積極建議：對動物實驗發動公共討論，從而建立共識，承認使用動物做實驗是一種悲劇，即使必要，但是確實侵犯了動物的基本權利。這個建議並不是無的放矢；如果承認了動物實驗是一種必要的惡，等於是做出一種宣示，表明科學實驗摧殘動物的行為並不光彩，假如有可能的話，人類是有心去善待動物的。公共討論也可望形成一種公開的氛圍，督促科學家尋找替代的研究方法，不必繼續用動物做實驗。

四、消極責任與積極責任

納斯鮑姆觸及的第四個問題，在早期的動物倫理學裡面討論得比較少，那就是如何區分人類對動物的積極責任與消極責任。我們對人類應該負的責任，可以分出消極跟積極兩類。所謂消極的責任，指的是「禁止」或者「不可以」：我們不可以傷害他人、欺騙他人，或者侵占他人的財產；至於積極的責任，則指採取行動去幫助他人，例如給飢餓的人提供食物，用金錢周濟窮人，或者照顧有病痛在身的人。倫理學一般而言比較著重消極的責任，至於積極責任則看成是個人的美德，雖然值得鼓勵，但通常不會認為積極幫助他人構成了一種嚴格而不容推卸的道德義務。不過這個觀點，顯然簡化了責任這個觀念。責任這件事，其實要看人們之間的「關係」才能判斷。例如在家人之間，由於彼此的關係相當密切，那麼相互之間要負的義務一定也相當廣泛，涵蓋了消極與積極兩種面向。推而廣之，在現代社會跟政治思考的脈絡裡，由於對人們的權利和義務關係有比較宏觀的認知，會認為國家或者整個社會，對於其成員不只是要負起提供安全跟保護這類消極的責任，也要提供基本以上的溫飽、醫療、教育，以及金錢收入，這些都屬於積極的責任，個人也有權利提出這些方面的要求。這時候，積極跟消極的責任，往往會組合成一套比較全面的照顧體系，積極和消極之分並不是那麼有意義。

那麼動物呢？在人類跟動物的關係之中，積極責任跟消極責任之分是不是還有意義呢？我想大家應該都會同意，人類對動物——任何具有感知能力的動物——負有基本的消極責任，那就是不可以任意傷害他們。這是道德的基本要求，不過它所根據的理由通常抽離了特定的脈絡，並不涉及這隻動物跟我們有什麼特別的關係。但是如果將「關係」列入考量，那麼不同的關係，的確會帶來不同的責任。例如對於人類豢養的動物，人類當然必須負起一些積極的責任，例如有義務照料跟保護他們，滿足他們的各種需求。在另一方面，對野生動物，人類所負的責任可能就局限在消極的方面，例如不要獵殺他們，不可以侵占、破壞他們的棲息地等等。

從這方面可以看出，「關係」在道德上是有重要的意義的，但是必須承認，到目前為止介紹過的三家動物倫理學，都沒有把「關係」這個因素列入他們的理論建構。這三家理論都是指出動物個體生命的某些特性，強調這些特色本身具有道德的含意，然後探討這些特性對人類會產生什麼道德要求。但是如果除了動物本身的特色之外，我們跟動物的關係也會產生特殊的道德要求，那麼有沒有動物倫理學，是從關係的角度思考人類應該如何對待動物呢？有的。在下一講，我想要介紹一種從關係著眼的動物倫理學。

第十二講

女性主義

關懷倫理與支配的邏輯

在上面第十一講結束時，我們談到了「關係」的重要意義，但是動物倫理學的主流卻忽視了「關係」這個道德需要考慮的因素。現在我想要舉出一種從「關係」入手的動物倫理觀點，那就是女性主義。當然，「關係」一詞涵蓋的範圍太廣，譬如人類豢養的動物以及野生的動物，這兩者跟人類的關係就非常不一樣，所以我們不能泛泛地談關係。其實女性主義的種類也很多，我們在這裡所要談的女性主義，也只是龐大的女性主義光譜中間比較邊緣的支流而已。這些具有動物保護意識的女性主義者所關注的「關係」，主要是指以情感為基礎的關係。這當然是人類跟動物之間特別重要的一種關係，畢竟，跟動物的情感聯繫，本來就是絕大多數人關注動物的主要動力。

但是在進入女性主義之前，我們先看一下主流的動物倫理學的邏輯結構，了解它們為什麼會忽略了「關係」這個範疇。

一、三家動物倫理學的共同邏輯

各位會注意到，到目前為止介紹的三家動物倫理學，表現了一種共同的邏輯。他們先指出人類身上有一些重要的特色，是人類的根本利益所在，也是道德所必須重視、尊重、保護的對象；其次他們指出，在很多動物的身上，也有同樣或者類似的特色，構成了他們生命的核心利益。那麼基於道德所要求的普遍性，我們可有任何理由，不對動物的這些特色也加以重視、尊重、保護嗎？沒有的！如果不願意把對待人類的道德規則推廣、延伸到動物，那只是說明了我們的道德不夠一貫、不夠公平；我們其實是在偏袒人類的利益。這就構成了歧視，也就是違反了平等與正義的基本要求。辛格跟里根都是依循這樣的邏輯，建立他們的動物倫理觀點的。納斯鮑姆的途徑有些不同，但是她也假定了正義的要求是普遍性的，不會對動物例外。

這套邏輯之所以顯得強大而有說服力，是因為我們都承認，道德在本質上就是根據「一視同仁」的原則在運作的。道德要求平等、公平，不能偏袒自己的一方，不能有私心；道德的要求就是：對於同樣的情況，必須用同樣的標準對待。如果不應該傷害自己族群的成員，就不應該傷害其他族群的成員；如果不應該給人類製造痛苦，也就不應該在動物身上製造痛苦。「一體適用」，可以說是道德的基本原理。因此，你跟某個對象有什麼特殊的關係，對象引起了你的什麼特殊的情感，都跟道德無關。上面三家倫理學，都是根據這套邏輯，要求人類與動物在道德上必須一視同仁。

辛格在《動物解放》一書一九七五年第一版的序言裡，說了一個小故事，充分表達了這種態度。有一位女士聽說他在寫一本有關動物的書，於是請他們夫婦來家裡作客聊聊，問到他們是不是養寵物，是不是特別喜歡動物。辛格的回答是他們不養寵物，對動物也沒有特別的喜愛，但是他們拒絕吃女主人招待他們的火腿三明治。他說，一個人基於平等、正義而反對種族主義，並不需要特別「喜歡黑人」；同樣的道理，主張消除動物的悲慘遭遇，拒絕吃肉，也不需要你特別「喜歡動物」，只要實踐道德平等的原則就夠了。辛格強調，他的整套觀點所依據的不是情緒，而是理性；他要將人類的道德關懷擴大到動物，也是基於理性，而不是因為愛心或者慈悲。理性的適用性是普遍的，基於理性的道德，必須跨越人類跟動物的界線，把道德原則推廣到動物，這跟情感並沒有什麼關係。

用這種強調邏輯、強調理性思考的方式建構動物倫理學，在辯論的時候也許鏗鏘有力，但是我們在前面說過，絕大多數的人並不是基於這類平等、公平的理想才關心動物的。多數人是因為喜歡動物，或者看到了動物的悲慘遭遇，爆發了憤怒、同情、不忍之心等等情緒，從而意識到自己對動物負有一些道德責任，不僅不應該傷害動物，甚至於有義務去積極保護動物。換言之，辛格強調理性，排斥情感，其實並不符合人性的實際情況。動物倫理只需要邏輯理性嗎？或者情感、情緒等等我們跟特定動物的直接互動，也有它們的角色？你我跟身邊動物的互動關係，動物的苦難帶給我們的情緒反應，在動物倫理裡面沒有意義嗎？其實，情感是人類跟動物之間最直接、最有力量的一種關係。我們不能忽視這種關係的道德意義。

在西方倫理學的歷史上，十八世紀的大衛·休謨、亞當·斯密等人曾經提出一種道德情感主義，但一直被自然法、康德、效益主義等理性主義的倫理學所遮蔽。說起來有意思，到了二十世紀，往往是女性的哲學家更為看重情感、情緒在道德中的角色，在動物倫理的領域也是如此。在動物問題上，正是當代的一小部分女性主義者，從人類跟動物的情感關係著手，建立了一種女性主義視角下的動物倫理。

二、女性主義與動物問題

在今天，女性主義是一個波瀾壯闊、勢力強大的全球性運動。但是需要先說明，女性主義作為一種政治、社會運動，在歷史上並沒有特別重視動物議題。不錯，在十九世紀，當西方開始出現各種社會運動的時候，積極呼籲婦女平權、解放黑奴、保護童工的人，往往也會提出保護動物的訴求。在當時，這些運動都是協助弱者，追求人道的社會改革運動的一環。但是女性受到的不平等待遇，跟動物所遭受的凌虐迫害，很少有人把兩者相提並論。

到了二十世紀下半葉，女權意識再度興起的時候，多數女性主義者把焦點集中在女性本身的解放，也沒有特別關心動物。畢竟，在人類中心主義的籠罩之下，即使「平等」，也只能放在人類內部談，不可能推廣到動物；在這一點上，女性主義雖然要挑戰父權體制的成見，卻仍然無法擺脫自己身上根深柢固的物種主義成見。

但是仍然有少數女性主義者，強烈關注動物在人類手裡的悽慘遭遇，但又不完全滿意辛格、里根等主流動物倫理學的思考方式，於是想要另闢蹊徑，在女性主義跟動物保護之間，建立更為緊密的連結。「關懷倫理」是其中的一個代表，後面要談的「素食生態女性主義」則是另一種代表。

以「關懷」為取向的女性主義者認為，辛格、里根等人維護動物利益的結論並沒有錯，但是這些主流的倫理觀只重視理性、通則，追求權利、正義等價值，所反映的其實是一種男性的道德意識。這樣的動物倫理忽視了情感這個因素，結果跟一般人尤其是女性的道德經驗相當隔閡，並沒有辦法說明我們為什麼會關懷動物，也無法正面凝視動物生命的真相跟苦難。針對這一點，她們認為女性主義可以走另一條路，從一種特屬於女性的道德經驗出發，重視動物在人類心裡引起的情緒反應，特別是對於動物處境的同情、不忍、義憤之心。這樣的動物倫理，不僅能夠打進人心，激發行動的力量，並且進一步顯示女性跟動物所受到的迫害，其實有著相同的父權思想背景，從而建立婦女解放跟動物解放之間的關聯。

三、吉利根的女性關懷倫理

各位會問，硬要把道德觀分成男性或者女性，是不是有點勉強？畢竟男人女人都會有各種情緒，也都可以憑藉理性從事抽象的道德思考。關懷倫理憑什麼認為，女性特別擁有一種著重個體之間情感聯繫的倫理觀呢？在這個問題上，美國心理學家卡羅爾．吉利根（Carol Gilligan）提供了理論跟實徵兩方面的根據。吉利根用「關懷倫理」這個概念，說明女性的道德人格的成長，有其獨特的路徑，特別看重人際之間的情感關係，從而顯示了情感在女性的道德意識中確實更為突出。

在這裡需要先說明一下吉利根這套理論的背景。關於人類的道德意識的發展，心理學家勞倫斯．柯爾柏（Lawrence Kohlberg）所提出的六階段論，曾經是最有影響力的學說。柯爾柏認為兒童的道德成長經歷了三期六個階段，前期所關心的是躲避懲罰和獲得獎賞，這是為了自己的利益而順從權威；中期關心的是獲得他人的認可，以及維護現存的秩序，因而跟著大家走，願意服從現行的社會規範與法律；到最後，會進入一個自律的階段，終於意識到了正義、公平等普遍性的價值，經過反思，根據自己的判斷去遵循道德原則。不幸的是，柯爾柏發現男性比較有可能進入最後一個自主地遵循普遍規則的階段，而女性的道德成長，則往往停留在順從習俗的中間期。換言之，如果接受了柯爾柏這個結論，豈不是說男性的道德成熟程度要高過女性？

吉利根在一九八三年寫了一本書《另一種聲音》，挑戰這個結論。她認為柯爾柏的道德發展學說所描繪的三個發展階段，只是男性的道德經驗，對女性並不適用。女性並不是無法進入第三個自主與獨立的階段，而是女性走的根本是另外一條途徑，更看重跟他人在情感層面的連結和互動，看重情感所帶來的關懷之心跟責任感。這種女性特有的道德觀，當然不能說是道德的成長沒有到位，而是「另一種聲音」，一條跟男性有所不同的道德發展路徑。如果說男性的道德著重獨立個體的權利，那麼女性重視的則是對他人的責任；男性的道德觀追求正義，但女性的道德觀卻以發自情感的「關懷」為重心，重視在情感關係之中對於對方的承擔跟照顧。這種「關懷倫理」的獨特傳統，被西方的男性倫理主流掩蓋住了，如果要尊重女性的道德經驗，就必須重新提倡這個傳統。

吉利根從女性的道德心理發展途徑，說明了關懷倫理確實跟女性有著密切的關係。另一方面，還有幾位女性主義學者，從歷史和社會的角度，指出女性在社會分工中被分派的角色，也可以說明為什麼女性更傾向於關懷倫理。女性的傳統職責，往往就是提供照顧，包括母親照料孩子，在家庭中負擔家務勞動，而護理師、保母、小學老師等職業，也一向以女性為主要的勞動力來源。換言之，從歷史以及社會分工兩方面看，關懷倫理也的確是一種更屬於女性的倫理觀。

吉利根本人並沒有討論到動物，但是很顯然，從她的角度看，辛格、里根以及納斯鮑姆的動物倫理講求正義跟權利，所採取的都是男性的道德觀點。如果要從女性的觀點開發動物倫理學，那應該是一種關懷倫理。吉利根為一些女性主義者提供了現成的理論資源。

四、關懷倫理的局限與突破

但是從關懷倫理，能夠發展出明確的動物倫理主張嗎？上面說過，女性主義完全可以接受辛格、里根等人反對吃肉、反對動物實驗、反對虐待動物等等主張。但是一些批評者指出，由於以「關懷」為核心的倫理，強調直接關係中的情感因素，認為道德責任是由具體情境裡的特殊情感所產生的，那麼女性主義即使接受了保護動物的主張，但是他們能夠關懷的動物，範圍卻勢必會大為縮減。譬如說絕大多數的都市人，都不可能接觸到豬、牛、雞，那麼有什麼理由要求他們關心這些經濟動物，停止吃肉？又例如野生動物，或者人類所恐懼、厭惡的動物像是蛇、老鼠，由於無法跟他們發展正面的情感，就很難談到「關懷」他們，不傷害他們。女性主義如果想要針對動物提出一種以關懷為主的倫理，能夠克服這些限制嗎？

情感能不能成為道德的動力，在下一講我們會詳細討論；不過在這裡可以先簡單說一下我的觀點。我認為情感本身就是帶有道德內容的；情感可以因為直接的互動而被觸發，但是情感是一種價值判斷，也就包含著相對應的價值觀，這種價值觀必須已經先在當事人的身上存在。情感並不是毫無來由任性發作的心情波動；情感的源頭，其實是一個人的整體人格，情感反映了一個人的價值觀，這正是倫理學裡面「德性倫理」傳統的主張。一旦將情感、情緒看成人格的表現，上述情感的局限，應該就不成為問題了。如果我們想要從人類對動物的情感發展出動物倫理，那麼顯然德性倫理是值得探索的一條路，這是我們下一講的主題。

五、生態女性主義與支配的邏輯

不過除了關懷倫理之外，在女性主義的陣營裡，還有一種生態女性主義，對動物議題特別的關注，並且直接認定動物議題跟女性議題有著緊密的聯繫，很值得在這裡加以介紹。這種女性主義跟關懷倫理很不一樣，嚴格說起來它並不是一種倫理學的理論，而是一種文化—政治的分析。關懷倫理談的是人類應該以情感為基礎，對動物發展出以「關懷」為核心的倫理關係，生態女性主義所關心的，則是女性問題跟動物問題的共通結構，認為女性跟動物都是一種「層級式的支配關係」的受害者，因此女性解放運動，也應該支持動物的解放。

生態女性主義有一個逐步發展的過程。最初它注意到，男性對女性的支配，可以用「文化」跟「自然」的對立來理解。人類一向有自然和文化的二分法，並且從很早開始，文化就被賦予高於自然的地位，人類發展出文化來征服自然，改造甚至於使用、剝削自然，文化與自然之間，有一種層級支配的關係。

在生態女性主義看來，這種文化支配自然的想法，除了可以直接說明人類對於生態環境包括動物在內的支配關係之外，也完全可以說明男性跟女性的相對位置。由於女性的生理週期例如月經，心理特徵偏向陰柔，加上她們具有受孕、生育和哺乳的功能，可以聯想到大自然孕育生命生養萬物，結果很多文化都認為女性屬於自然界，男性則創造、掌握文化，負責征服自然。其結果，就是文化跟自然的層級關係，被轉移用來支持男性跟女性的層級關係，男性征服女性，支配女性。

後來生態女性主義把這種層級之間的支配關係加以一般化，認為性別壓迫、種族壓迫、物種的壓迫、階級的壓迫，乃至於對大自然的掠奪破壞，都在複製類似的層級式的世界觀，為層級之間的上下壓迫關係尋找藉口。美國的女性主義哲學家華倫（Karen Warren），因此提出了「支配邏輯」這個概念，試圖揭露各種層級體制的共同結構。

本書讀者對「層級式的世界觀」不會陌生。在前面我們已經談過，人類看人、看萬物，經常採取一種區分上下、高低的眼光，這裡區分的既是階層，也是價值；在上者、居高位者要比在下者、低位者有價值。在前面，我們主要是談人類中心主義在人類跟動物之間建立的層級關係。現在，在生態女性主義者看來，男女的分別，也明顯地表達了類似的層級式的世界觀，男性在上面，女性居於下位。文化與自然之分，則是另一種歷史悠久而極為普遍的層級觀點，凡屬於「人文化成」的事物，要比「自然天成」的事物來得更高尚、更有價值。甚至於種族、階級，也經常被套進層級式的世界觀裡面去，在不同的種族跟階級之間，建立層級。一旦承認了層級關係，層級上下在地位和價值上有了高低的不同，那麼不同層級的權力跟利益的差別、待遇的差別，也就顯得極為合理了。

但是除了提出上下之分、價值之分、待遇之分，層級式的世界觀最重要的功能，就是它提供了一套「支配邏輯」，在層級之間建立了一種支配跟壓迫的關係，讓居於上位者有資格統治和管理居於下位的對象。支配邏輯需要一些藉口，證明這種支配是正常的、合理的。在西方，最常被動用的藉口，大概就是「理性」。一般的女性主義者早已指出，父權體制一向認為男性長於理性的思考，渲染女性的理性能力不足，因此男性有必要也有資格支配女性。生態女性主義則進一步指出：白人壓迫黑人，也一向渲染黑人傾向於本能的衝動，缺乏理性的自制。這類說法，我們當然很熟悉；在前面已經再三指出，「沒有理性」，正是西方思想家否認動物道德地位時最常動用的藉口。

這樣來看的話，這種層級世界觀下的支配邏輯，其實貫穿了性別、種族、物種幾個方面的壓迫跟歧視。面對這套支配邏輯，女性主義顯然有必要把動物議題納入自己的視野，關心動物在人類手上的遭遇，既反對女性受到的壓迫，也批判人類對動物的虐待跟傷害。一個人若是主張女性的解放，便也必須慎重考慮自己的飲食習慣，追求動物的解放；女性主義應該變成「素食的生態女性主義」。

到此為止，我們介紹了女性主義傳統裡的兩種關於動物的觀點。接下來，我想回到我們從一開始就強調的情感，在更深的層次上探討情感、情緒對動物倫理的含意。這會帶我們進入德性倫理的範圍，也是我們在下一講的主題。

第十三講

德性倫理

從情感回到自身

上一講提到，女性主義提醒我們，在人類的思考跟行動中，情感或者情緒乃是不可或缺的部分。女性主義進一步指出，女性的道德成長路徑跟男性不同，女性的道德意識更偏重情感，會從情感的角度思考人際關係，從而可以發展出一種「關懷」倫理。由於在人類跟動物的關係之中，情感以及情緒占了極大的分量，因此一種以關懷為主軸的女性主義的動物倫理學，顯然要比辛格等人所建構的倫理學，完全以理性、原則為歸依，更適合用來規範人類跟動物的互動關係。

但是在上面也討論到，由於情感通常建立在當面、直接的互動關係之上，用情感作為道德思考跟實踐的出發點，適用的範圍難免受到限制。此外還有一個更嚴重的問題，那就是負面情緒的存在：情感只是人類各種情緒中的一類；「情感」通常指正面、善意、親切的情緒，例如同情、憐憫、喜愛、關心等等；但是各種負面的情緒，例如厭惡、畏懼、嫉妒、鄙視、憎恨等等，不僅始終在人心的幽暗處蠢蠢欲動，很難加以克制，並且如最前面第二講所談到的，在人類跟動物的關係之中反而更為常見，破壞力也更為強大。因此，如果要用情感作為著眼點，思考人類應該如何對待動物，就需要先澄清一下，情緒本身為什麼能有正面的道德意義。這也是我們進入德性倫理的一條必經途徑。

一、情緒的道德意義

大家會懷疑，情緒真的跟道德有關嗎？有的。道德心理學告訴我們，情緒在道德領域發揮兩個重要的功能。首先，情緒凝聚了我們對一個具體情境的認知、詮釋以及評價。面對一個情境，你的情緒反應，其實顯示了這個情境在你眼中是什麼樣的一件事。你對某一起社會案件感到憤怒，是因為你認為這件事傷天害理；你對某個人感到同情，是因為你看到他身受病痛的折磨；你會敬佩一個人，則可能是因為你認為他的犧牲奉獻，並不是一般人做得到的。情緒是一種指標，標示出我們對一個具體情境的認知、解讀跟感受，其中必然也包含著評價性質的判斷。

另一方面，跟單純而不動情緒的認知比起來，情緒才是行為的實際推動力。「知」

不一定帶來「行」；「知」牽動了情緒，才會轉為行動。我們不願意騙人，並不是因為知道說謊是錯的，而是因為說謊讓我們感到羞恥或者厭惡；路上看見老人摔倒，我們上前把他扶起來，不是因為父母或者老師教導我要這麼做，而是因為從心裡覺得不忍。情緒除了是對於一個情境的解讀跟評價，通常還具有這種推動力，把你的解讀跟評價，轉化為行動，構成了行為的實質動機。

情緒在這兩方面的功能，顯然都非常的基本而且重要，因此我們千萬不要誤解了情緒這件事，不能認為情緒不過就是漂浮不定的心情變動。我們反而應該追問，為什麼情緒能夠承擔在生活裡面這麼重要的兩件工作？答案是，因為情緒跟每個人生命的內核有著緊密的聯繫，必須認真看待。那麼這個內核又是什麼呢？

二、同情心的根源

簡單說，情緒牽涉到了每個人的性向、氣質、品格；我的情緒的根源在內心，從情緒可以回溯到我是一個什麼樣的人。這一點其實是常識。我們經常會從一個人的個性或者性格，去推測、猜想他對一件事會有什麼樣的情緒反應；或者反過來，我們會根據一個人的情緒反應，去推測、判斷他的個性。但是很多時候，我們又忘了這一點，把情緒看成單純是外來因素所刺激出來的本能的、下意識的反應，當事人是無法掌控、負責的。因此，情緒跟人格的關係，需要費一些力氣來澄清。但是情緒的範圍很廣，種類也非常多。既然我們的主題是動物倫理，為了縮小討論的範圍，我們只談同情、關懷這類情緒跟個人性格的關係。這要分三個層次來談。

首先，情緒一定有它的對象，針對這個對象而產生。你有情緒反應，表示你注意到了這個對象的存在，並且能夠想像、感受對方的狀態，讓對方進入你的意識，不再是一個不相干的路人甲。但是在日常生活中，周圍的人與事來來去去，你能注意到的對象其實非常少，大多數的人、事、物，我們都是視而不見，「看到」了，但是沒有「看見」。那麼為什麼我們會挑出某些對象來注意呢？原因很多也很複雜，不過在不少情況中，是**你的性格在指揮你的注意力**。有同情心的人，會注意到路邊的老人需要幫助；敏感的人，會注意到朋友的心裡有煩惱；心地柔軟的人，比較容易注意到動物的苦難。「注意」顯示了你這個人有某些特色，包括你的個性，以及跟你注意的這個對象，有某種相通、共鳴。許多情緒，特別是具有道德意義的情緒，無論是善意的，還是惡意的，並不是被動地受到刺激之後的無厘頭反應，而是有你自己性格上的背景的。

其次，一個對象會引起你的同情跟關懷，表示你注意到了他正在承受著某些負面的、不利的遭遇，甚至於感受著痛苦，從而引起了你的同情。同情是一種面對他人處在負面狀況時的情緒；對於幸福快樂的人，一帆風順的人，居於優勢、強勢位置的人，無所謂同情，也就無所謂關懷。我們同情的，通常是那些本身並沒有做錯事，卻遭遇到不幸以及打擊的人，是那些無辜受到欺壓、迫害、侮辱、傷害的生命，以及在權力、資源、地位上受到剝奪的弱勢者。他們的不幸引起我的同情，產生了憐憫、悲傷、遺憾，或者憤怒等等情緒。換言之，同情不只是「注意」到了對方的不幸狀況；還表示我認為對方並不應該遭受這種折磨，認為這種折磨是不對的。這充分說明了，同情乃是一種價值判斷，**反映了你所抱持的價值觀**。這一點經常被忽視。

在這個意義上，同情心展現了你的道德意識。當你心中感到同情的時候，你這個人關於是非對錯、關於權利、正義，以及責任等等觀念，也在發生作用，這些觀念都構成了情緒的一個部分。同情對方，代表我們認為對方的遭遇乃是不對的、不應該發生的，或者至少不是這個人需要負責的。因此，同情心非常有助於建立我們跟他人的道德關係。另一方面，由於同情心包含著這些具有普遍性的道德觀念，因此，同情心的視野，必定超越了當下的直接關係。結果，即使是不曾相識、不能互動，時空阻隔的對象，包括身在遠方的陌生人、異國人，只要注意到了他們的遭遇，能想像他們的處境，能夠應用普遍的道德準則，去判斷他們並不應該遭受這次苦難，便也還是可以對他們產生道德上的關懷。

但是不要忘記，同情畢竟還只是情緒，只是道德態度，不見得都能夠轉化成實際的行動。我可以充滿同情地旁觀你的不幸遭遇，雖然感到十分難過，甚至於義憤填膺，但是我仍舊只是旁觀者，並沒有積極去幫助、照顧你，對抗那些傷害你的力量，舒緩你的不幸。同情要化為行動，代表我所同情的對象，在相當大的程度上深入了我的內心，牽**動我的生命**。這可能是因為**他跟我的關係非常深重**，但也可能是因為**這件事牽涉到的道德標準、倫理價值對我的意義非常深重**，兩方面的「深重」，意思都是說，在這件事情上我對你的苦難如何反應，已經不是尋常的身外之事，而是會回來逼問我，問我準備如何面對自己。我對這件事的態度，牽涉到了我是誰，我是什麼樣的人，我對自己有什麼樣的認識跟期許。換言之，同情這種情緒的底層，隱藏著我的自我認同，我的道德觀、價值觀；把同情轉化成實際的行動，其實構成了我的生命實踐。當我強烈關懷一個對象時，之所以難以掩飾一份憂心焦慮之情，之所以必須主動出手去幫助對方，正是因為對方的福祉，對我具有這麼深重的意義，對方的不幸，構成了我生命中的陰影、威脅、缺憾，我如果坐視不理，我將無法誠實地面對自己。換言之，我的關懷，跟我對自己生命的想像，我的自我認同，「我是誰？」，是交織在一起的。

經過這幾個層次的分析，同情心跟關懷等等情感，顯然是生命中的大事；同情與關懷之所以具有強大的倫理意義，原因是這裡面捲入了我的性格，我的價值觀，我最根本的信念跟執著。關懷的倫理的確需要從情感出發，可是這種感情的根源，卻深深扎根在我的整體人格上。換言之，女性主義想要用情感為基礎建立關懷倫理學，我認為需要前進一大步，把女性主義所強調的直接情感，回溯到道德主體的內在道德人格。這個思路，正好呼應著道德哲學中歷史最為悠久的「德性倫理」傳統。

三、從情緒到德性

「德性」有人譯成「美德」，還有人譯成「德行」，行為的「行」。德性跟德行都通，這是因為「德性」既是性格，也必須貫穿整個人而表現、落實為行為以及做人做事的方式。在西方，德性倫理的代表人物是亞里斯多德；在中國，整個儒學傳統都可以歸類為德性倫理。其實在日常生活中，「德性」這個概念，大家並不陌生，我們會稱讚某個人具有某些優點，例如誠實、勇敢、負責、勤勞等等。這些都是所謂的德性。但德性又是怎麼構成的呢？

讓我們舉「誠實」做例子，一個人的誠實，首先會表現在行為上，例如他不說謊，不詐欺；其次，他的這些誠實的行為，並不是看情況偶一為之，而是來自他的個性，已經形成了一種習慣，經常如此；第三，他之所以會做誠實的行為，牽涉到了認知以及情緒兩方面，也就是說他在觀念上就認為誠實是對的，在情感上也討厭欺騙，喜歡誠實；第四，他的誠實又不是不經思索凡事都盲目地誠實，而是會考慮到當下的具體情境，也會將誠實以外的其他道德要求列入考慮，也就是說，他的誠實是踏實的思考判斷的結果，而不是套用道德公式。從這幾方面來說，所謂德性，是一個人個性上的特色，發自內心，受到情緒的推動，在理智的指導之下，表現為他的言行舉止。

因此，德性不僅說明了情感為什麼具有道德意義，也只有德性才能整合情緒跟理性，達到認知和生命實踐的結合。一個人具有誠實這種美德，代表他認識到了「誠實」要求我們做什麼，也能判斷生活中間什麼情境需要我們誠實；但對他而言，誠實並不只是一條形式的誡命；相反，誠實跟欺騙會引起他的各種情緒反應，自己說謊的時候會感到心裡不安，別人說謊則令他產生反感。換言之，德性倫理從個人的德性出發，讓情感跟理性相互配合，思考與行為搭配得當。我認為它對於人類的道德經驗、道德意識提供了比較完整的說明。

四、德性倫理與動物

花了這麼多時間，說明一個人的情緒跟他身上的德性有著很緊密的連結，目的是為了顯示，德性倫理可以提供一個很不同的角度，去看人類跟動物的關係。在上面我們已經多次強調過，人類對待動物的態度，在非常大的程度上，根本就是由情緒或者情感所決定的。但是辛格、里根以及納斯鮑姆正好忽視了情緒的角色。女性主義從這個角度批評他們，並且試圖以情感為基礎，發展一套動物關懷倫理，當然有其道理。但我們也看到，女性主義不能算成功，原因就是對情感的理解過於片面、表層。情感在道德生活中扮演的角色非常重要，但是情感的道德意義，不能從它的根源之處抽離出來，根源就是情感的主人在情感中所表露的個人的性格特質。這些個人的性格特色，就是所謂的「德性」，不僅表現在一個人的行為上，同時也構成了他的道德人格。從情感出發，追溯到情感背後的德性，我認為這個方向對動物倫理特別有啟發性。

德性作為道德思考的核心議題，雖然有著漫長的歷史，但是很少有哲學家認真地從德性的角度，檢討人類對待動物的方式。不錯，不少德性倫理學家都會談到，人類對動物應該避免殘忍、凶暴等惡習，要培養仁慈、憐憫等美德。換言之，人們不是不知道，如何對待動物，乃是人類道德品質的一個重要部分。但是受到人類中心主義的蒙蔽，這些思想家要求人類對動物施展美德，理由還是為了人類，因為這些美德的培養，不僅提升了當事人的品格，也幫助他們對其他人類更為仁慈，減少暴力。至於動物，好像只是人類的美德教育中使用的教材而已。

但隨著動物倫理學成為一個獨立的領域，情況已經有所改變。對德性動物倫理貢獻最為突出的，當推紐西蘭的女性哲學家羅薩琳德・赫斯特浩斯（Rosalind Hursthouse）。以下我將借用她的方式，但是只用兩個例子，說明人類跟動物的關係，所牽涉到的德性議題。

五、德性與「愛動物」

讓我們從「喜愛動物」這種常見而看似單純的情感說起。許多人喜歡自己身邊的動物同伴，對他付出感情。這種感情反映了主人的愛心，可以說是一種很正面的德性。但是你愛一隻動物，不可能只是覺得他可愛、好玩。我們可以沉迷於一件玩具，但是不可能去「愛」玩具。在前面我們說過，所謂「愛」，一個關鍵就是你會注意、關心對方的狀況跟福祉，會盼望他過得愉快、幸福。無論是對人還是對動物，愛對方，必然包括了這個關心、祝福對方的成分在內。「愛」或者「關懷」的重心是在對方的身上，而不是在你自己身上。我們也提到過，有些父母、夫妻、情人，雖然自以為愛對方，但其實是在占有對方，想要支配對方，甚至於把對方看成實現自己願望、滿足自己欲望的工具。這種愛，是以自己為中心的愛，自私有餘，卻沒有把對方看成一個獨立的生命。這種愛缺少了對於對方的尊重跟祝福，因此也就不是真正的愛。

但是如果對人類的愛都會出現這些問題，所謂的愛動物，就更難擺脫自私的成分了。在人類中心主義的籠罩之下，很多人養貓養狗，表面上說是愛，實際卻並不了解、更不在乎動物的生命狀態；動物的需求、欲望，都被飼主自己的需求跟欲望所扭曲、掩蓋住了。對貓狗進行的「品種改良」，培育出了人類喜歡的品種，卻不顧這樣產生出來的貓狗帶有先天性的殘疾，一生痛苦。有人給動物美容，拔除趾爪，消除體味，打扮成洋娃娃，表面上是寵愛，實際卻是想要消除動物的天性。

這時候，德性倫理會提醒我們，這種種所謂愛動物的行徑，實際上表現了你的自我中心，自私、自大，說明了你不夠敏感，也缺乏對個體生命的尊重。對動物的愛心，需要同情與關懷，而真正的同情跟關懷，是以對方為中心的，要求我們認識動物的本性，了解他們的生理跟心理的需求，尊重他們的天性跟生活習慣。這些都是養寵物的人需要培養的基本德性。另一方面，常有人輕率地決定開始養貓狗，卻沒有意識到領養之後你就需要付出時間、精神、金錢去照顧他，平時需要陪伴他，最後有義務照料他到他的終年。養寵物，需要恆心、責任感，以及對自己這位毛朋友的忠誠。著眼於德性的動物倫理，對於寵物主人應該具備的德性，提出了很具體的要求。

六、德性與吃肉

吃肉還是吃素的問題，德性倫理學也可以提供參考。赫斯特浩斯認為，無論你怎麼看待動物生命的道德地位，在今天的肉品生產方式之下，把活生生的動物變成盤子裡的食物，其過程的每一個階段，都在考驗你的人格特質。如果你不知道動物是如何屠宰、分屍，變成你面前的一塊肉，你的無知跟缺乏想像力相當驚人；如果是你不願意知道肉的真相，代表你對飲食的倫理問題不夠認真；如果你假裝不知道，那麼你實在不夠誠實。如果你知道一片肉背後的血腥故事卻無動於衷，你未免太放縱口腹之欲；如果你認為這種放縱關係不大，那麼你這個人夠麻木不仁。吃肉看似一個單純的飲食習慣，但是倫理的生活態度，不就是要求我們要經常反省自己的生活習慣嗎？這些生活習慣，不都在反映著我們的心態、性格、偏好、成見，以及對自己究竟是自律，還是放縱嗎？德性倫理的角度，在吃肉這件事上，不僅是道德反思的開端，也提供了飲食倫理的具體原則。

七、動物倫理的德性要求

那麼我們能不能具體列出動物倫理所要求的德性項目呢？這是不可能也沒有必要的。其實每一個成年人，從小到大，經過家庭、學校、社會的薰陶以及教育，都相當清楚，作為一個像樣的人，一個無愧於做人本分的人，面對某個具體的情況時，自己應該表現什麼樣的品格和個性。如果你有疑惑，那麼自己的反思能力，加上既有的德性修養，也會幫助你思考。既然如此，到了涉及動物的時候，動物倫理要問的問題反而很簡單：如果你在跟人類來往的時候，知道自己應該發揮什麼德性，為什麼到了面對動物的時候，這些德性就突然消失了，剩下一副可以形容為冷酷、貪婪的面貌？答案很簡單，那是因為你還無法擺脫人類中心主義，你的德性還是有條件的。在前面，我們已經用哲學分析跟歷史的追溯，說明了人類中心主義只是偏狹而且自大的成見。既然如此，那麼從德性倫理的角度來看的話，關鍵就在於你是不是具有「謙虛」這項基本的美德，不要妄自尊大，以為自己是宇宙的中心。你能不能適度地控制住人類中心主義的心魔，就要看你這個人的心態跟性情。問題不在於你是不是接受辛格等人再三強調的道德必須具有普遍性，而是能不能回到你的自身，看看自己的心胸夠不夠開放、公平，看看憐憫、同情、慈悲、關懷這些德性，究竟是不是你性格的一部分，是不是你這個人的核心情感。這個問題，只能請每個人用動物這面鏡子映照自己，看看你的答案是什麼。

第十四講

停步望遠

動物倫理與社會進步

從上面的第二講到第十三講，我們從人類面對動物時的基本心理模式開始談，接著對人類跟動物在歷史上的關係做了一番鳥瞰，我們挖掘人類中心主義的根源，追溯了動物倫理學的起源。然後我們介紹了當代動物倫理的幾種主要的理論，從彼得・辛格開始，經過湯姆・里根、瑪莎・納斯鮑姆，最後介紹了女性主義跟德性倫理。

經過這一番跋涉，這本小書已經到了尾聲。在這裡，我想做一點回顧，也提出一點展望。回顧之時，我想先說明我為什麼挑出這幾種理論來介紹。

一、為什麼挑選這幾種理論？

我選擇這幾家的理論，大致基於三方面的考量。第一，這幾種動物倫理學，分別代表著倫理學裡面幾個具有經典地位的傳統，也就是效益主義、康德主義、亞里斯多德的致善主義，以及跟致善主義同根共源，但是仍有區分的德性倫理。至於女性主義，則在晚近異軍突起，代表了一種針對這些傳統道德觀的挑戰。我選擇這些理論，一個目的是幫助大家初步認識這些道德哲學的特徵。我認為，各位即使並不想深入道德哲學，但是對於整個道德哲學領域的地形地貌、各種觀點的相對位置有初步的認識，非常有助於你思考涉及動物的各種倫理問題。

第二，在當代動物倫理學的廣大領域裡，這幾種理論都有一定的影響力，尤其是辛格的效益主義。認識了這幾種理論，你對這個領域有了基本的掌握，就可以接得上各種理論性的或者實務性的文獻和爭論。動物的問題無所不在，探討動物問題的書籍跟文章與日俱增，我們生活中也不時會遇到涉及動物的難題。這時候，熟悉這幾家理論，可以讓我們獲得足夠的理論資源，思考與論述都會更為清晰，也更有焦點。

第三，挑選這些理論，也反映了我自己對動物倫理的基本理解方式。大家已經看到，我把這些理論分成兩類，辛格、里根，以及納斯鮑姆是一類，女性主義、德性倫理則屬於另一類。前面一類理論的眼睛向外看，把焦點放在動物，從動物身上找出一些具有道德意義的特徵，然後指出人類身上也有類似的特徵，因此對人類適用的基本道德觀念，對動物也一樣適用。女性主義跟德性倫理則把視線轉回到人類自身，從你我對於動物的情感出發，找出這種情感之中所包含的道德態度以及道德要求。無論把焦點放在動物身上，還是放在人類自己身上，這些理論都企圖在熟悉的經驗之中，找到道德思考的出發點：這幾家理論分別提出了感知痛苦、生活的主體、生命的充分發展、關懷與同情，以及培養和發揮德性，用這些熟悉的道德概念，發展各自的動物倫理原則。

二、哪一種理論比較好？

接下來各位會問：哪一種理論比較好？從知識的角度看，這些理論來自不同的傳統，各自捕捉到了人類道德經驗的某個面向，雖然有簡單跟豐富的分別，但是我認為毋須只選一種而排除其他。人類跟動物的關係繽紛複雜，牽涉到的道德問題相當多樣，顯然不是只用單獨一種理論，根據這個理論所揭示的道德面向，就能夠完全覆蓋的。即使我在上面把這些理論分成兩個大類，我也不認為你在其中只能挑一類，不需要參考另外一類。純粹談理論的話，我認為這些理論都有缺陷跟疏漏，但我也深信，這些倫理觀點都有助於我們理解和想像人類跟動物的關係。在動物倫理的理論問題上，我是一個多元而不求精緻的雜食主義者。

但是任何道德理論都必須考慮如何實踐道德，也就是理論不能只是提出理想，而是要設法根據道德的要求去改善現狀，要能想像如何藉著實踐，帶來一種比現況好的狀態。前面介紹的幾種動物倫理學，在理論上雖然差異很大，但是在實踐層面，它們所建議的立場跟行動卻是大同小異的。簡單說，它們都要求人類不要再給動物製造痛苦，因此現行的使用動物的方式，絕大部分必須廢止，要不然就是需要受到嚴格的監督、管制與緊縮。在動物實驗、吃肉，以及用產業模式大規模養殖經濟動物等問題上，各家有著寬鬆與嚴格的差異，但是這些理論都能守住「減少不必要的痛苦」的大原則。

不過在兩個方面，我個人還是認為辛格的效益主義，以及最後介紹的德性倫理，對於改善動物的命運，會有比較具體的效果。

三、辛格理論的優點

我重視辛格的效益主義，主要的理由是它是一種具有公共性格的理論。這套理論比較簡單樸素，哲學的預設比較少，跟一般人的道德直覺最能呼應，直接訴諸痛苦跟快樂這種身體上的日常經驗感受，不僅容易理解，也有很強的說服力。效益主義講求「效益」，這是一種爭議小，又可以量化的價值，若是轉換成政策目標，可以直接引導各種立法以及公共政策。在動物議題上，效益指的主要是動物的福利；談福利，比談動物的權利所引起的爭議和阻力少得多。也是由於效益可以量化、可以比較，所以在面對實際狀況的時候更有彈性。例如辛格容許在一些情況之下吃肉，給動物做安樂死，或者用動物做實驗。這些妥協雖然引起了保護動物的理想主義者的尖銳抨擊，但是辛格這種彈性的態度，毋寧說是踏實。保護動物的訴求，當然要挑戰現實，但也一定要跟社會的現實狀況接得上。動物倫理談的是每年幾億、幾十億隻動物的生死命運，所以一定要追求實際效果，而效益主義的這些優點，讓它在這個早已習慣大量濫用動物的世界裡，容易產生實際的效果，即使這種效果通常是必須七折八扣的。事實上，幾十年來很多國家都是基於動物福利的考慮，而在立法改善動物的處境，各地的動物保護運動所提出來的訴求以及號召，也偏向動物福利。在這方面，辛格的理論貢獻很大，是我特別推重它的原因。

四、德性倫理的優點

至於德性倫理之所以吸引我，是因為它直接指出了動物的問題出在人類身上；是因為人類的情感、心靈、性格還欠缺一些重要的、基本的道德品質，觀念上又受到太多的扭曲、遮蔽、污染，所以人類對待動物的方式才會如此的冷酷與殘忍。德性倫理一向的主張是，理想的人格應該具備一些基本的德性，其中最重要的包括了善意、同情心、自我節制，以及對他人的關懷。這些要求，大家通常都會接受的，願意在我們跟人類的交往中實踐，即使不能完全做到，但是心嚮往之。奇怪的是，人類為什麼偏偏不能、不願意把這些態度擴展到動物？

最深層的原因，當然是人類中心主義在作祟。但是人類中心主義這種意識形態的特徵，不就是自私以及妄自尊大嗎？一個人如果已經具備了善意、同情心、自我節制，以及關懷他人的能力，卻仍然讓自己的道德意識被這樣一套傲慢、自大的意識形態所滲透、綁架，不是說明了他的傲慢之心，會蒙蔽住他的一切德性知識跟德性修養嗎？如果他希望自己的人格是完整的，在乎自己終究是什麼樣的人，他怎麼能不設法擺脫人類中心主義，把德性的修養推廣到自己跟動物的關係上呢？從德性倫理的角度看，我們對待動物的方式正是一面鏡子，映照出了自己的道德容貌，讓我們可以對著鏡子，修補自己道德人格上的殘缺跟虛假。作為一種道德理論，德性倫理所提出的並不是一些彷彿是身外之事的「應當」如何如何的公式，而是回到我們自己，要求你我反省自身，要求我們實踐那些自詡的優美、高尚的品格。不把道德當作身外之事，這是我特別重視德性倫理的主要原因。

五、倫理學有用嗎？

到這裡為止，我們的討論也要告一段落了。但是結束之前，不能不追問一個尷尬的問題：這些倫理的思考有用嗎？真的能幫助動物嗎？

一種答案是樂觀的：由於這幾十年來動物倫理學的蓬勃發展，鼓勵了動物保護運動，結果人類對待動物的方式，確實有了大幅度的改善。光天化日之下屠宰動物、虐待動物的行為被立法禁止，豢養動物的時候要注意動物的福利，做動物實驗需要受到監督和管制。人類食用的肉類當然還是天文數字，但是宰殺動物要講求人道屠宰，運送動物跟屠宰的過程必須接受政府的監督跟管理。社會上也有不少人投身動物的保護，例如收容流浪貓狗，幫助流浪動物結紮，呼籲政府立法保護動物等等。

不過另外也有一種悲觀的聲音。有人指出，就在當代動物倫理學開始發展的同時，從二十世紀六〇年代以來，野生動物已經有三分之一滅絕，從一九八〇年代以降，全世界肉類的消耗量則增長了三倍之多。如果動物倫理學的興盛發展，居然無法稍稍節制人類造成的這些傷害，它的效用不能不令人失望。難道倫理、道德的思考注定不能影響現實世界嗎？

我認為倫理學可以影響現實世界，不過這種影響注定是間接的。倫理學的直接效應，主要是憑藉說理來整理個人的道德觀念，以及挑戰社會上流行的價值觀。個人心靈層面上的改變，會帶來局部的效果，但是不可能直接撼動社會制度，也不會改變現有的動物使用體制。要終止人類破壞和侵占野生動物的棲息地，改變幾十億人的飲食消費習慣，甚至於挑戰整個龐大的肉品養殖產業綜合體，生物科技以及醫藥的研發、產業勢力，就需要整個社會的心態、感性、價值觀有所變化。我相信，長遠而言，動物倫理所提出的各種想法，對於社會整體價值觀的改善，是可以發揮一些作用的。

話說回來，動物倫理跟專門針對人類的倫理有一點不同，就是它是一種特別低調的倫理，不僅不追求超凡入聖的個人道德修養、道德成就，反而把眼光放低，只關注動物在基本生活層面所承受的痛苦跟折磨。因此，這樣的倫理學拿不出來什麼崇高偉大、令人敬畏嚮往的理想，以道德權威強迫人們接受它的要求；它的說服力，只能靠人性中對苦難的同情、關懷等非常平凡、樸素的情感。不論各家動物倫理學如何建構它們的理論，背後其實都預設了這種共通的人性面，否則窮盡邏輯之力，動物的痛苦也很難讓這些理論打入人心。

正是因為動物倫理必須訴求這種相當基本的善良人性，所以動物倫理除了關注動物，還有一個附帶的功能，就是提醒社會，人間需要有一種特別講求同情、關懷的感知與情緒模式。我們前面的歷史回顧以及理論介紹顯示，動物倫理所論證的動物的利益跟權利，能不能獲得應有的道德關注，在很大的程度上要看人類的社會能不能出現相應的風氣，對各種生命的痛苦更為敏感、在意，並且樂於出手幫助。動物倫理所呼籲、所要求的，無非就是個人設法培育這種心態，同時喚醒社會朝這個方向演變，推動社會整體的道德進步。

六、動物倫理與社會進步

這個希望是不是脫離了現實呢？畢竟，這個時代已經不相信有「進步」這回事，尤其不相信「道德進步」這種童騃樂觀的歷史哲學。人類歷經教訓，更不敢相信道德的力量，能夠引導歷史的實際走向。我並不願意輕易拋棄道德進步的信心，但我也承認，所謂進步，很可能只是一種烏托邦。所以我從事動物倫理的研究，原先只是寄一點希望於說服更多的有心人來關心動物而已，並沒有賦予它更大的使命。但到我讀過了美國心理學家平克的《人性中的善良天使》一書，我又恢復了一些信心。平克在這本書裡面論證，在歷史的漫長歷程中，可以看出的確有一個進步的趨勢存在，這個趨勢表現在各種形式的暴力與殘酷行為逐漸減少，人們和平相處的機會增加，對於異己者能表現出包容，對於弱勢者多了一些同情。平克認為，這些就構成了所謂的「道德進步」。平克詳細整理了這個趨勢在歷史上各個時期的表現。到了二十世紀後期，在他稱為「權利革命」的階段，人們愈來愈不能接受各種對少數族群、女性、兒童、同性戀者以及動物的侵犯行為；相對之下，黑人的民權、女性的權利、兒童的權益、同性戀的權利，以及動物權，願意接受的人也在緩慢地增加。平克分析了人類歷史這個趨勢的內在以及外在的成因，他認為就人類的內在心靈因素而言，同情心、自制力、道德觀念，以及理性，有助於這個趨勢的成長。這四者，他借用美國林肯總統的字眼，稱之為「人性中的善良天使」。

我們不必完全接受平克的觀點。但是即使他的歷史敘事有這樣那樣的問題，也不代表道德進步完全是幻想。也許平克過分強調了正面的進步證據；他也承認，進步往往是局部的，可能出現倒退，也會發生逆轉，可是道德進步在人類歷史上的整體趨勢，似乎很難完全否認。人性中的善良天使並不是全能，但也不是毫無作為的。

在這裡我們要注意到，動物倫理所強調的慈悲、同情心、自我節制，以及關懷他人等等德性，跟平克所描述的「人性中的善良天使」，不是有一些呼應嗎？從這個角度去想，動物倫理不僅希望減少動物的苦難，也著眼於改善人性的道德品質，進而推動社會的道德進步。從這個角度看，動物倫理的意義並不只在拯救動物，而且還是我們的社會整體進步的一個環節。

七、我們何處著手？

不過，「登高自卑，行遠自邇」，動物倫理即使可以發揮重要的功能，但是我們還是必須從低處、從近處去用心用力。先說怎麼用心。在本書開始的時候我提到，我們多數人都不是動物專家，缺乏關於動物的知識。據估計，地球上現存的動物至少有七百萬個物種，絕大多數都不曾被人類研究過，至於你我能夠稍有認識的動物，我想種類不會很多，而且我們的認識，也注定是很表面的，包含了很多錯誤。另外，人類跟動物的關係，尤其是各種使用動物的方式，也非常多樣複雜，通常外行人並不了解其中的具體細節。

因此，我們可以從增加自己的動物常識開始，至少對身邊的動物，經常使用和消費的動物，設法多一點認識。最近幾年，由於社會上對動物的興趣增加，出版社也經常推出關於動物的書籍，特別是有關動物行為、動物心智，以及動物在文學、歷史、神話、藝術等領域的角色，都可以找到很好的著作。對動物的認識深入一點，我們才知道該怎麼想像動物、對待動物。這是動物倫理的基礎工作。

另一方面，我們要開始注意，自己的日常生活中動物在哪裡，是以什麼方式進入我們的生活的，又遭遇了什麼樣的命運。你吃掉一盤肉，幾個雞蛋，一杯牛奶，或者看到街頭巷尾的流浪貓狗，動物園裡面囚禁的動物，要能聯想到這個社會的整個動物使用體制。各位讀過本書，應該已經具備了這種聯想的能力。而我們一路介紹各種動物倫理的觀點，如今面對這個充滿暴力與殘酷，造成大量痛苦和死亡的體制，你就更有責任形成你自己的道德判斷了。

但是有了道德判斷之後，你能做什麼？我建議每個人選擇自己的關心所在，量力而為。你可以照顧流浪貓狗，可以參加或者支持動物保護團體，但是不要給自己增添太大的經濟負擔以及情緒負擔。至於素食，如果你有這個心願，但是還做不到全素，我建議你從我所推薦的量化素食開始，你可以盡量減少吃肉，每週一天或者某幾天的某一餐吃素，甚至於在你方便、想到的時候就吃素。你可以繼續吃肉，但是不要不承認，吃肉其實是在享用動物的痛苦跟死亡。

這種「量力而為」、「量化素食」的態度，好像把道德的要求變成了可以量化的東西。但是道德豈不應該是絕對、純粹的嗎？道德要求我做一件事，難道我可以只做三分、五分、七分，然後還說符合道德的要求嗎？絕對的道德觀認為是非二分、黑白分明，中間容不下灰色的地帶。但是我不認為如此。我的道德觀相當寬容。我認為道德的功能是幫人少做壞事，多做好事，「多」跟「少」的分別是有意義的。但是人的意志是脆弱的，能力是有限的。因此，一個人著手去做對的事情，已經相當可貴，我們要祝他最後能夠勉力完成；但即使嘗試做好事而沒有完成，也要比因為種種顧慮而根本沒有去嘗試更值得推許。為山九仞已經很了不起了，功虧一簣就留待下一階段的努力吧。

在這個人類中心主義根深柢固的時代與社會，動物倫理是一種特別困難，也特別需要鼓勵的道德長征事業。多年來，我遇過許多善良的人，想要幫助動物，結果付出太多，犧牲太大。也有很多人願意吃素，又擔心自己還沒有辦法吃全素，因此不敢輕易嘗試。這些經驗提醒我，動物問題所需要的倫理觀點，一定要低調，要能夠讓所有有心的人用誠實、明智、有效的方式，實踐他們對動物的情感和關懷。這是我提出以上這種寬鬆、低調的倫理觀的理由。我的動物倫理學，就是朝這個方向在努力的。

八、結語

最後要向各位告別了。我非常珍惜這個機會，有緣跟各位一起思考動物倫理的各種問題。感謝各位有耐心，閱讀這個有點艱澀而又不很愉快的主題。我衷心希望，各位在讀過本書之後，感到有所收穫。祝福大家都能繼續思考跟努力，改善動物的命運，也改善我們自己的心性品格，改善這個社會的道德品質。希望有機會跟大家再見面。

附錄

一份或可參考的書目

多年來，在動物議題的大範圍裡，我閱讀、參考過的書籍、論文、報導，甚至於文學作品不算少，也相當龐雜。有些留下了筆記，有些看過即忘，還有一些潛移默化，已經吸收融入我自己的想法。此刻要列出寫作本書的時候用到的全部材料，我覺得不可能也並無必要。但是為了讀者進一步閱讀的方便，我勉強列出一些很基本的書籍，讀者可以參考。我盡量只列出中文著作或者中文譯本。但是有些書籍或文章，雖然沒有中譯，我仍然列出英文本，也許對某些讀者會有幫助。

動物倫理的文獻，乃至於動物研究的相關著作，堪稱浩如瀚海。近年在兩岸也都翻譯出了很多精采的書籍、文章。但由於兩岸近年來的隔閡，我對中國大陸上的相關著作以及翻譯，並沒有足夠的掌握。台灣方面，我也沒有做紀錄的習慣。這些，我都省略了。

本書扉頁上的那段話引自米蘭．昆德拉的《生命中不能承受之輕》的第七章〈卡列寧的微笑〉，見該書的台灣版韓少功、韓剛譯本頁三四四，英譯本P. 281。在這一章裡，昆德拉談到很多跟本書內容有關的話題，讀者無妨參考。

在〈前言〉中我提到釋昭慧法師的佛教動物倫理學。她的相關著作很多，在此我只記下她與辛格的對談：彼得．辛格、釋昭慧著，袁曉晴譯，《心靈的交會：山間對話》（桃園：法界出版社，二〇二一）。

本書並沒有詳細介紹雞、豬、牛等經濟動物的實際情況，也避開了養殖、屠宰過程的描寫。原因很簡單：我所知的太少。但是這方面的書很多，兩岸也陸續翻譯出來一些。在這裡我隨手舉出梅樂妮．喬伊著，姚怡平譯，《盲目的肉食主義：我們愛狗卻吃豬、穿牛皮？》（台北：新樂園出版，二〇一六）。

關於人類和動物互動時的心理機制，由於研究的成果不算很多，可以參考的材料有限，也都沒有中文的翻譯，在此只能記下英文資料。我在第二講裡面所介紹的各種實驗發現，主要參考了T. J. Kasperbauer, *Subhuman: The Moral Psychology of Human Attitudes to Animals*（New York: Oxford University Press, 2018），以及Steve Loughnan, "Thinking Morally about Animals," in Kurt Gray & Jesse Graham, eds., *Atlas of Moral Psychology*（NYC, NY: The Guildford Press, 2018）, pp. 165-174. Kasperbauer 書的主要結論是：人類心理上對動物的貶

抑根深柢固，道德哲學或者動物倫理很難挑戰甚至於改變這個事實。作者建議，唯一的希望是藉著政府的政策去改變人類的道德心理構成。

其次，關於人類中心主義，英文裡面有非常多的討論，中文的翻譯似乎還很罕見。梅蘭妮·查林傑著，陳岳辰譯，《忘了自己是動物的人類》（台北：商周出版，二〇二一）很值得參考。但是有興趣的讀者，請務必讀一遍基思·托馬斯著，宋麗麗譯，《人類與自然世界》（南京：譯林出版社，2009）。基思·托馬斯（Keith Thomas）是英國的著名歷史學者，長期在牛津大學任教。這本書資料豐富，所談的時段雖然只限於一五〇〇—一八〇〇年，並且以英國為主，不過非常有助於我們理解人類中心主義的起源以及發展。

第四講談到了「絕對否定論」與「相對否定論」。這兩個字眼，首先見之於Mary Midgley, *Animals and Why They Matter*（Athens, Georgia: Georgia University Press, 1983），不過我的討論，並不是直接取材自她這本書，而是綜合了許多相關著作。比較全面的西方動物哲學史，應推Gary Steiner, *Anthropocentrism and Its Discontent: The Moral Status of Animals in the History of Western Philosophy*（Pittsburgh, Pa.: University of Pittsburgh Press, 2005）。

第四講談到時代的限制以及人道主義革命，歐洲人道德意識的變化，讀者可以參考上面提到的《人類與自然世界》。不過比較全面的著作，涵蓋了古代、中古，以及近代和現代，我大力推薦斯蒂芬・平克著，《人性中的善良天使：暴力為什麼會減少》。這本書有兩個中譯本，分別是安雯譯的大陸版本（北京：中信出版社，二〇一五）跟顏涵銳、徐立妍譯的台灣版本（台北：遠流出版公司，二〇一六）。「人道主義革命」一詞，即來自本書。在上面第十四講，我再度藉助於這本書，以「權利革命」為例，說明我心目中動物倫理與社會進步的關係。

第五講所引的邊沁的名言，出自Jeremy Bentham, *An Introduction to the Principles of Morals and Legislation*，時殷弘譯，《道德與立法原理導論》（北京：商務印書館，二〇〇〇）。這裡的翻譯，引自彼得・辛格著，孟祥森、錢永祥中譯，《動物解放》（台北：關懷生命協會，一九九六；北京：光明日報出版社，一九九九）。《動物解放》的另一個中文譯本，見祖述憲譯，《動物解放》（青島：青島出版社，二〇〇六；北京：中信出版社，二〇一八）。《動物解放》也是接下去第六、第七兩講的依據。這本書在動物倫理學理面的奠基地位，在前文已經再三強調，在此不贅。

辛格有一篇短文，收在彼得・辛格、湯姆・雷根合編，曾建平、代峰譯，《動物權利與人類義務》（北京：北京大學出版社，二〇一〇）。辛格的《實踐倫理學》也有專章討論動物，值得參考。

第八、第九兩講介紹湯姆・里根，他的主要著作是李曦譯，《動物權利研究》（北京：北京大學出版社，二〇一〇）。這本書讀起來比較辛苦，讀者可以參考收在上面提到的《動物權利與人類義務》書中的短文〈動物權利研究〉。另外，在下面提到的《中外文學》卷三二第二期裡，也有里根著，王穎譯，〈倫理學與動物〉。

第十、十一兩講介紹納斯鮑姆的能力論。在這裡，我主要根據她在二〇〇六年出版的 *Frontiers of Justice* 一書中的論點。這本書有兩個中譯本，分別是徐子婷、楊雅婷、何景榮譯，《正義的界限：殘障、全球正義與動物正義》（台北：韋伯文化出版公司，二〇〇八），以及朱慧玲、謝惠媛、陳文娟譯，《正義的前沿》（北京：中國人民大學出版社，二〇一六）。不過最近得知，她在二〇二三年初出版了一本《動物的正義》*Justice for Animals*，她的觀點有沒有改變，會不會採取不一樣的理論架構，我目前不知道。但我猜想，她不會放棄能力論，不過有鑑於近十年來她的思路發展，她會更為重視情緒或者情感的道德作用。

在第十講介紹亞里斯多德的「致善論」，「致善」一詞來自陳祖為著，周昭德、韓銳、陳永政譯，《儒家致善主義：現代政治哲學重構》（香港：商務印書館，二〇一六）。

第十一講提到約翰・斯圖華特・密爾的〈自然〉一文，大概是寫於一八五〇—五八年之間，也就是他生命中期的作品。在密爾去世之前，他曾準備把這篇文章跟另外兩篇文章合為一輯出版，也就是在他身後才由繼女海倫．泰勒所出版的《宗教三論》。據我所知，這篇文章並沒有中文翻譯。

第十二講談女性主義對動物的看法，我所討論的關懷倫理以及素食生態女性主義，相關材料——就我的有限所知——並沒有中文譯本。我沒有提到關懷倫理的倡議者之一卡蘿．亞當斯，不過在此仍列出她所著，卓加真譯，《男人愛吃肉．女人想吃素》（台北：柿子文化，二〇〇六）。另外在《中外文學》卷三二第二期的「由運動到學術」專輯，收有約瑟芬．多娜文著，吳保霖譯，〈動物權與女性主義理論〉，也值得參考。

關於關懷倫理，見Josephine Donovan and Carol J. Adams, *The Feminist Care Tradition in Animal Ethics: a Reader*（New York: Columbia University Press, 2007），素食生態女性主義，可參考Greta Gaard, "Vegetarian Ecofeminism: A Review Essay," *Frontiers*, 23, 3（2002），pp. 117-146。

第十三講從德性倫理的角度談動物議題，代表人物是赫斯特浩斯，但就我所知，她的著作並沒有中譯本。在此我只列出Rosalind Hursthouse, "Virtue Ethics and the Treatment of Animals"，收在Tom L. Beauchamp & R. G. Frey, eds., *The Oxford Handbook of Animal Ethics*（Oxford: OUP, 2012）。

第十四講談動物倫理與社會進步，可以參考前面所引的平克著，《人性中的善良天使》。

讓我再強調一次：以上所列的書單極不完整，遺漏非常多，讀者參考即可。

最後，我要推薦黃宗慧著，《以動物為鏡》（台北：啟動文化，二〇一八），以及黃宗慧、黃宗潔著，《就算牠沒有臉》（台北：麥田出版，二〇二一）。這兩本書的主題與本書相通，其涵蓋面比我寬廣，但是寫得比我動人、活潑，相信讀者會更喜歡的。

人性之鏡：動物倫理的歷史與哲學

2023年5月初版　定價：新臺幣350元
2023年7月初版第二刷

著者	錢	永	祥
叢書主編	沙	淑	芬
校對	陳	佩	伶
內文排版	菩	薩	蠻
封面設計	廖	婉	茹

出版者	聯經出版事業股份有限公司
地址	新北市汐止區大同路一段369號1樓
叢書主編電話	(02)86925588轉5310
台北聯經書房	台北市新生南路三段94號
電話	(02)23620308
郵政劃撥	帳戶第0100559-3號
郵撥電話	(02)23620308
印刷者	世和印製企業有限公司
總經銷	聯合發行股份有限公司
發行所	新北市新店區寶橋路235巷6弄6號2樓
電話	(02)29178022

副總編輯	陳	逸	華
總編輯	涂	豐	恩
總經理	陳	芝	宇
社長	羅	國	俊
發行人	林	載	爵

行政院新聞局出版事業登記證局版臺業字第0130號

本書如有缺頁，破損，倒裝請寄回台北聯經書房更換。　ISBN 978-957-08-6820-3 (平裝)
聯經網址：www.linkingbooks.com.tw
電子信箱：linking@udngroup.com

國家圖書館出版品預行編目資料

人性之鏡：動物倫理的歷史與哲學錢永祥著．初版．
新北市．聯經．2023年5月．216面．14.8×21公分
ISBN 978-957-08-6820-3（平裝）
[2023年7月初版第二刷]

1.CST：動物 2.CST：倫理學 3.CST：哲學

197.4 112002140